EDIÇÃO
Imprensa da Universidade de Coimbra
Email: imprensa@uc.pt
URL: http//www.uc.pt/imprensa_uc
Vendas online: http://livrariadaimprensa.uc.pt

COORDENAÇÃO EDITORIAL
Imprensa da Universidade de Coimbra

CONCEÇÃO GRÁFICA
António Barros

IMAGEM DA CAPA
Acácio Lino de Magalhães,
O Grande Desvairo (1920)

INFOGRAFIA
Mickael Silva

PRINT BY
CreateSpace

ISBN
978-989-26-1159-4

ISBN DIGITAL
978-989-26-1160-0

DOI
http://dx.doi.org/10.14195/978-989-26-1160-0

DEPÓSITO LEGAL
411780/16

D. Pedro e D. Inês

Diálogos entre o amor e a morte

"Sermão nas exéquias de D. Inês de Castro" de D. João de Cardaillac
Edição crítica, tradução e comentário filológico

Maria Helena da Cruz Coelho
António Manuel Ribeiro Rebelo

SUMÁRIO

PREFÁCIO

A famosa trasladação do corpo de D. Inês de Castro de Coimbra para Alcobaça, em 1361, e a sua deposição no belíssimo túmulo que as gerações posteriores, desde então, têm podido admirar no mosteiro de Alcobaça, culminam com um belo e emotivo discurso: o chamado "Sermão nas exéquias de D. Inês de Castro", obra parenética da autoria de D. João de Cardaillac, arcebispo de Braga, cuja eloquência e oratória lhe haviam granjeado o honroso cargo de orador oficial da corte pontifícia, em Avinhão.

Embora a leitura paleográfica deste sermão já tivesse sido estabelecida por alguns dos nossos maiores medievalistas, a sua edição ainda não tinha sido possível pelas dificuldades de interpretação que manifestava. Impunha-se também uma tradução fiável para esclarecer devidamente todas as dúvidas.

A presente obra tem a virtude de conjugar o trabalho de uma especialista em história medieval com o de um especialista em língua e literatura latinas medievais, o que permite ultrapassar dificuldades anteriormente não superadas. O estudo sobre as implicações e circunstâncias históricas do sermão, da autoria de Maria Helena da Cruz Coelho, complementa-se com a edição crítica do sermão, estabelecida por António Manuel Ribeiro Rebelo, que também a faz acompanhar dos respectivos aparatos crítico e de fontes, bem como da tradução e comentário filológico. O resultado final desta colaboração das ciências históricas com as filológicas representa um modelo de investigação interdisciplinar integrada, de forma a ir ao

encontro das necessidades que especialistas de diversas áreas cientí-
ficas já haviam manifestado, sem, todavia, descurar os interesses de
públicos não académicos. Entre estes últimos avultam seguramente
os daqueles que se sentem arrebatados pelo dramatismo passio-
nal dos amores de D. Pedro e D. Inês em Coimbra, que partilha a
mesma intensidade emotiva de histórias de outros pares amorosos
que percorreram várias cidades da Europa ao longo dos séculos.

D. PEDRO E D. INÊS:
DIÁLOGOS ENTRE O AMOR E A MORTE

Fernão Lopes, no capítulo 44 da *Crónica de D. Pedro*, que em parte relata "como foi trelladada dona Enes pera o moesteiro d'Alcobaça", escreve:

"E sendo nembrado de honrrar seus ossos, pois lhe ja mais fazer nom podia, mandou fazer hũu moimento d'alva pedra, todo mui sotillmente obrado, poendo enlevada sobre a campãa de cima a imagem della com coroa na cabeça, como se fora rrainha; e este muimento mandou poer no moesteiro d'Alcobaça, nom aa entrada hu jazem os rreis, mas dentro na egreja ha mãao dereita, acerca da capella-moor. E fez trazer o seu corpo do moesteiro de Santa Clara de Coimbra, hu jazia, ho mais honrradamente que sse fazer pôde, ca ella viinha em hũuas andas muito bem corregidas pera tall tempo, as quaaes tragiam grandes cavalleiros, acompanhadas de grandes fidalgos e muita outra gente e donas e donzellas e muita creelezia. Pello caminho estavom muito homẽes com cirios nas mãaos, de tall guisa hordenados que sempre o seu corpo foi per todo o caminho per antre cirios acesos; e assi chegarom ataa o dito moesteiro, que eram dalli XVII legoas, onde com muitas missas e gram solenidade foi posto em aquell muimento: e foi esta a mais honrrada trelladaçom que ataa 'quel tempo em Purtugal fora vista"[1].

---

[1] Lopes 2007: cap. 44: 196.

Ocorreu esta trasladação em data controversa que muitos aceitam ser a 2 ou a 25 de Abril de 1361, preferindo outros os anos posteriores de 1362 ou 1363[2].

1. Indubitavelmente, nos anos iniciais da década de 60 da centúria de Trezentos, D. Inês deixava Coimbra para entrar na sua derradeira morada terrena, o mosteiro de Alcobaça.

Na cidade do Mondego vivera amor e morte. Desde 1354 teria habitado nos paços reais junto ao mosteiro de Santa Clara, desfrutando livremente o seu amor a D. Pedro e aos filhos que dele houvera. Mas na cidade do Mondego conhecera também a morte, aí havendo sido executada, às ordens de D. Afonso IV, a 7 de Janeiro de 1355[3]. E seria ainda nessa cidade, no mosteiro de Santa Clara, cuja comunidade sempre se parece ter relacionado bem com o infante D. Pedro e com D. Inês, que o seu corpo repousaria, por alguns anos, em campa rasa.

D. Pedro, após a morte de D. Inês, enfrenta seu pai em guerra, mas a paz entre ambos acabará por ser acordada em Agosto. Todavia, governando ainda "o Bravo", só no silêncio das clarissas o nome de D. Inês seria evocado em orações[4], como no silêncio do coração de D. Pedro o seu nome seria murmurado.

---

[2] Arnaut 1960: 90-91 analisa extensamente na nota 1, que se estende da página 90 à página 93, esta problemática, citando os diversos autores e as suas diferentes posições, para onde remetemos o leitor. Acaba por propor, à luz dos itinerários de D. Pedro, que tal ocorresse em 1362 ou 1363, embora não deixe de admitir a possibilidade de se ter realizado no final do ano de 1360. Para análise dos itinerários régios veja-se Rodrigues 1972: 147-176. Lembremos porém que se D. João de Cardaillac pregou o seu sermão em Alcobaça nestas exéquias como arcebispo primaz de Braga, tal só poderia ter ocorrido depois de 18 de Junho de 1361.

[3] Sobre a vida de D. Pedro e D. Inês é amplíssima a bibliografia, como se sabe. Para além da obra anterior, remetemos para o clássico estudo de Vasconcelos 1928 e os mais recentes Abreu 2005; Pimenta 2005; Santos 2011; Menino e Costa 2012. Cfr. também as várias comunicações do congresso publicadas em Coelho 2013, na secção "Pedro e Inês: o tempo e a história". Quanto à produção historiográfica sobre o tema consulte-se Costa 2009: 111-191.

[4] Recorde-se que a filha de D. Pedro e de D. Inês, D. Beatriz, foi criada no mosteiro de Santa Clara, como se conhece por um passo do testamento de D. Pedro

Mas D. Afonso IV morre a 28 de Maio de 1357. O infante Pedro torna-se rei, o primeiro deste nome.

Como rei, elo de uma cadeia de poder, impunha-se que pensasse na sucessão do trono. Como rei não sofria agora qualquer constrangimento à sua vontade.

Do casamento com D. Constança, D. Pedro havia ao tempo dois filhos, D. Maria, casada com D. Fernando de Aragão, e D. Fernando[5]. Mas D. Pedro tinha mais três filhos vivos de D. Inês: D. João, D. Dinis e D. Beatriz[6]. Todavia sobre eles pairava a mancha da ilegitimidade. O rei busca a sua reabilitação. Promove assim uma acção de afirmação e propaganda política muito concertada e em contínuo crescendo.

O título de infante, utilizado para os filhos legítimos dos casais reais, passa a ser aplicado aos descendentes de D. Pedro e D. Inês, como já foi bem estudado[7].

Logo em 1358, D. Pedro, numa carta de doação, refere-se ao seu filho "Jffante dom Joham"[8] e assim o continua a intitular, no ano seguinte, quando empraza uma quinta ao judeu Mestre Vivas, físico do infante D. João[9]. Por sua vez a rainha D. Beatriz,

---

de 17 de janeiro de 1367, o qual refere: "Item mandamos aá nossa filha, que criam no Mosteiro de Santa Clara de Coimbra cinco mil libras pera cazamento" (Sousa 1946: 409).

[5] Sobre a vida de D. Pedro leia-se Pimenta 2005. Seguindo a autora, o contrato de casamento de D. Pedro com D. Constança Manuel, filha de D. Juan Manuel, teve lugar a 28 de Fevereiro de 1336 e D. Constança veio para Portugal em 1340, tendo o casamento de benção ocorrido em Agosto desse ano, na Sé de Lisboa. Desta união nasceu, a 6 de Abril de 1342, D. Maria, que casou, em 1354, com D. Fernando marquês de Tortosa. Em 1344 veio ao mundo D. Luís, que morreu precocemente, e de quem D. Inês de Castro foi madrinha. D. Fernando viu a luz do dia a 31 de Outubro de 1345. D. Constança Manuel veio a falecer talvez em 1349, embora datas anteriores hajam também sido propostas, como 1345.

[6] O primeiro filho de D. Pedro e D. Inês de Castro foi D. Afonso, que terá nascido em 1350 e morreu antes de 1355. Seguiu-se-lhe D. João, talvez em 1352, e D. Dinis em 1353, para no ano seguinte ver a luz do dia D. Beatriz. Veja-se também Sousa 2005: 166.

[7] Arnaut 1960: 78-82.

[8] *CHDP*: doc. 1210. A doação, outorgada em Autoguia, a 25 de Julho, dirige-se justamente a Afonso Domingues "que anda na Camara do Jffante dom Joham meu filho"

[9] *CHDP*, doc. 398, Lisboa, 23 de Agosto de 1359.

viúva de D. Afonso IV, no seu testamento datado de Lisboa, a 29 de Dezembro de 1358[10], nomeia como infantes todos os filhos de D. Pedro.

Mas D. Pedro vai ainda mais além. Estreitando as suas relações com o mosteiro de Alcobaça e o seu abade frei Vicente Geraldes, o monarca, por carta saída de Leiria, a 8 de Setembro de 1358[11], confirma à instituição a jurisdição do seu couto velho, a que D. Afonso IV havia subtraído algumas terras[12]. Como motivações gerais refere que a casa é lugar de grande hospitalidade e devoção. Como motivos pessoais declara ser seu propósito e intenção "de nos mandar hi deitar e dona Jnes de castro nossa molher e nosso (sic) filhos".

Tomavam-se as primeiras medidas na escrita da chancelaria, o que corroboraria a oralidade da divulgação destes factos e fixaria as normas do trato entre os infantes. Torna-se, pois, claro que, imediatamente à sua ascensão ao trono, D. Pedro inicia um processo de legitimação da sua união com D. Inês e da descendência do casal.

Neste contexto e antecedentes se enquadra a declaração que D. Pedro faz em Cantanhede, a 12 de Junho de 1360, de haver casado com D. Inês, em Bragança, há cerca de sete anos[13]. Declaração corroborada em Coimbra, a 18 de Junho, pelo bispo da Guarda D. Gil e Estêvão Lobato, como testemunhas de tal acto[14]. Acresce que, no mesmo dia e cidade, é ainda publicada a bula do papa João XXII,

---

[10] Sousa 1946, t. 1, liv. 2: 343-355. No testamento contempla com dádivas, por esta ordem, os infantes D. João, D. Dinis e D. Beatriz (Idem: 348-349).

[11] *CHDP*, doc. 324.

[12] Sobre este tema veja-se Marques 2006: 292-296.

[13] Esta declaração poder-se-á também relacionar, como propõe Arnaut 1960: 80, com o ajuste de casamento do infante D. João com D. Constança, filha ilegítima de D. Pedro de Castela e de D. Maria Padilla. Note-se que D. Pedro de Castela virá também a jurar, nas Cortes de Sevilha de 1362, que casara com D. Maria Padilla. No final da vida, no seu testamento de 17 de Janeiro de 1367, D. Pedro reitera a sua união com D. Inês neste passo. "Item mandamos aos filhos da Infante Donna Ignez, que outrosi foi nossa molher" (Sousa 1946, t. 1, liv. 2: 409).

[14] D. Gil, a esse tempo deão da Guarda, testemunha um casamento por palavras de presente.

de 18 de Fevereiro de 1325, que concedia a D. Pedro licença para casar com parenta até determinado grau[15].

Estava dado um segundo passo no sentido da legitimação do casamento de D. Pedro com D. Inês a nível do reino.

No ano seguinte ou seguintes as movimentações seriam internas e externas.

Agindo para além do reino, D. Pedro terá então enviado súplicas e encetado negociações junto da cúria papal para que o sumo pontífice reconhecesse o seu casamento com D. Inês como válido e os filhos dessa união como legítimos. Mas a bula de 15 de Julho de 1361 do papa Inocêncio VI ter-lhe-ia negado essas pretensões. Bula esta que não chegou aos nossos dias e que muitos consideram inexistente. Não é nosso propósito debater a questão, o que remetemos para outros estudiosos[16], mas antes acentuar a combinação do programa político de D. Pedro.

Concomitantemente enceta-se o terceiro e mais grandioso passo de legitimação interna, a trasladação do corpo de D. Inês de Castro para Alcobaça, montado num cenário em três coerentes actos.

Abre-se o mesmo com o solene cortejo da trasladação, um dos mais honrados que até àquele tempo se vira em Portugal, como escreve Fernão Lopes. As andas em que seguia o féretro apresentar-se-iam ricamente ornamentadas e teriam sido suportadas, nas partes mais destacadas do percurso, por nobres cavaleiros. Todo o cortejo foi acompanhado pela fidalguia, por donas e donzelas e ainda pela clerezia. O longo trajecto entre Coimbra e Alcobaça teria sido previamente apregoado por édito real, a ser uma realidade a descrição do cronista de ter havido sempre gente durante o percurso com círios na mão, iluminando o caminho terreno e celeste do corpo e da alma de D. Inês até à sua última morada. Iniciavam-se assim as mais importantes

---

[15] Sobre todos este actos e sua problematização consulte-se Arnaut 1960: 79-83.
[16] Arnaut 1960: 83-89.

exéquias "em nobreza e magnificência que a alguma pessoa deste Reino até agora foram realizadas", nas palavras de D. João de Cardaillac.

No mosteiro de Alcobaça duas outras partes compõem a teatralidade desta cerimónia.

Na celebração litúrgica do ofício divino ouvir-se-á uma peça oratória legitimadora e laudatória da união entre D. Pedro e D. Inês. Por fim, o corpo de D. Inês será deposto num túmulo, esperando pelo do rei, o qual, na iconografia do jacente e arca tumular, a consagra como rainha e bem-aventurada, completando o ciclo da afirmação, propaganda e sacralização do casamento entre os dois amantes.

Fig. 1. Túmulo de D. Inês de Castro, jacente. Mosteiro de Alcobaça

2. O sermão das exéquias de D. Inês de Castro, proferido pelo arcebispo de Braga D. João de Cardaillac, aquando da trasladação dos seus restos mortais de Santa Clara para Alcobaça[17], ergue-se assim como um monumento literário que dialoga com um monumento escultórico.

Nesse texto se consubstancia o elogio da defunta, mas também a defesa de uma tese política, a par da enunciação de uma filosofia escatológica que só terá ecos em Portugal um pouco mais tardiamente, no decurso de Quatrocentos, de que é paradigma exemplar o *Horto do Esposo*[18].

Trata-se, evidentemente, de um sermão "de circunstância"[19], com um profundo objectivo político, travejado no reconhecimento do matrimónio de D. Pedro com D. Inês e na glosa do tema da sepultura[20]. Se o primeiro *topos* é compreensivelmente de alcance político, o segundo não o seria menos, e quase o corroborava, quando fisicamente D. Inês se sepultava no interior do espaço sagrado de um prestigiado mosteiro cisterciense, que a recebia como mulher legítima de D. Pedro e espiritualmente a projectava para a bem-aventurança eterna dos eleitos no Paraíso.

2.1 Pensemos, antes de mais, que o autor do sermão é um francês, D. João de Cardaillac, proveniente de uma família nobre da diocese de Quercy, no sul de França, região aberta e permeável às influências miscigenadoras das civilizações mediterrânicas[21]. Era um homem

---

[17] Esta peça oratória, escrita em latim, foi publicada por Arnaut 1960: doc. 100 e posteriormente por Pinto 1961:161-188, pelo manuscrito existente na Biblioteca Nacional de Paris. O último autor apresenta ainda o fac-simile do documento. O presente livro oferece aos leitores uma nova leitura crítica do texto em latim, a sua tradução e o comentário filológico do texto.

[18] Martins 1969: 11-29.

[19] Marques 2002: 337-339.

[20] Breves notas sobre o conteúdo desde sermão encontram-se em Arnaut 1960: 90-95; Marques 2006: 299-300.

[21] Sobre D. João de Cardaillac leia-se Mollat 1953: 74-121 e Farelo 2010: 108, que remetem para a principal bibliografia sobre o mesmo.

culto, formado em Direito Canónico na Universidade de Toulouse, aí sendo posteriormente Mestre em Leis. Viu-se nomeado bispo de Orense, a 8 de Junho de 1351[22], para dez anos depois ascender a arcebispo primaz de Braga, a 18 de Junho de 1361[23], titulatura nova nesta diocese, que por si é usada pela primeira vez[24]. Justamente no tratado político *Liber regalis* que, em 1367, dedica a Urbano V, assim se intitula. Durante o seu arcebispado reuniu dois sínodos, um no mosteiro de Pombeiro em 1364 e outro em 1366[25].

Nos últimos anos da sua estadia em Portugal esteve preso, acabando por sair do país e por pedir a demissão da prelazia de Braga, a 29 de Abril de 1371[26]. Gregório IX aceita-a e nomeia-o então, ainda nesse ano, patriarca de Alexandria e administrador da diocese de Rodes, como também o veio a ser das igrejas de Toulouse e Auch[27]. Desempenhou diversas missões diplomáticas em Paris e na Alemanha. Estava em Roma quando, em Abril de 1378, Urbano VI foi eleito papa, mas veio logo no mês de Setembro a dar o seu apoio a Clemente VII, que se fixou em Avinhão, abrindo-se desde então o Cisma do Ocidente. Acabou por morrer em Toulouse, a 7 de Outubro de 1390, onde foi sepultado, e foi nessa diocese que, no final da sua vida, reuniu os seus sermões, arengas e discursos de circunstâncias, onde se encontra este que agora nos interessa[28].

---

[22] Eubel 1913, t. 1: 119.

[23] Foi promovido a arcebispo de Braga pela bula de Inocêncio VI *Romani Pontificis* de 18 de Junho de 1361 e foi-lhe entregue o pálio pela bula *Cum nuper ecclesie* de 31 de Janeiro de 1362 (Veja-se Ferreira 1930: 168).

[24] Pierre David admite que Jean de Cardaillac se tenha inspirado nos usos da França meridional, onde os títulos primaciais são múltiplos, para, consciente da importância da sua diocese, passar a usar este título face à ereção de Lisboa como arcebispado, titulatura que o papa lhe reconheceu (David 1944: 4).

[25] Veja-se Garcia y Garcia 1982: 53.54. Cfr. ainda Ferreira 1930: 169-172 que, para além de aludir a estes sínodos, refere vários documentos da autoria deste arcebispo.

[26] Ferreira 1930: 172-173.

[27] Ferreira 1930: 173-174.

[28] Ferreira 1930: 175 defende que o sermão foi pregado a 2 de Abril de 1362, data em que coloca a cerimónia da trasladação.

Esta sucinta biografia deixa-nos claramente perceber que D. João de Cardaillac era um membro do alto clero, homem culto, que dominava as letras e as ciências jurídicas, e que conhecia os homens e os meandros da política.

2.2 Na sua pregação em Alcobaça apela a essa sabedoria para impressionar os mais altos dignitários da corte e do reino, que D. Pedro convocara, talvez mesmo compulsoriamente, para a cerimónia da trasladação. O seu discurso, como competia a um eminente letrado eclesiástico, fundamenta-se na Sagrada Escritura. Mas mais no Antigo que no Novo Testamento, certamente para evidenciar a sua erudição bíblica. Refere passos do Génesis, dos Livros Históricos, como o dos Reis, o dos Paralipómenos e o de Judite, dos Livros Sapienciais, a saber os de Job, os Salmos, o Eclesiástico, o Cântico dos Cânticos, o Ben Sira e dos Livros Proféticos, como o de Jeremias e de Ezequiel. Convoca a doutrina dos evangelistas Mateus, Lucas e os ensinamentos dos Actos dos Apóstolos. De entre os letrados e Doutores da Igreja alude a Santo Agostinho, Próspero e S. Bernardo. O seu curto elogio fúnebre está, pois, recorrentemente estribado em citações, ainda que menos literais e mais de conteúdo e evocadas certamente de memória, por isso sem total precisão.

Desde logo o tema da abertura do Sermão enraíza-se na matriz fundacional genesíaca e repousa no exemplo de Abraão, o primeiro dos patriarcas e rei dos povos. Tal como o "pai dos crentes" sepultara, publicamente, com magníficas exéquias e grandiosas lamentações, a verdadeira esposa Sara, que durante algum tempo escondera e repudiara, assim também D. Pedro honrava D. Inês. Se em vida, este Pedro-Abrãao, para evitar a ira de seu pai, escondera o seu casamento com a infanta, como o pai Abrãao o fizera para evitar a ira do faraó do Egipto, agora, pela sua autoridade e justiça de rei, publicitava-o diante de todos os súbditos do reino.

E porque o bom marido se devia encarregar da sepultura da esposa - tal como Abraão agira com Sara - assim o monarca promovia soleníssimas exéquias fúnebres à sua princesa e esposa, que ainda as não tinha recebido condignamente. Abraão obtivera dos hititas uma propriedade tumular com árvores e uma caverna para sepultar condignamente Sara. Inês-Sara, esposa do infante e herdeiro real, devia ter do mesmo modo sepultura apropriada e exéquias solenes e magnificentes.

De *motu* próprio ou "pressionado" pelo soberano, D. João de Cardaillac abre, pois, o seu sermão com a enunciação da tese política do casamento de D. Pedro com D. Inês. Tese que se carregava, assim, de toda a autoridade do seu pronunciamento pelo príncipe da clerezia de Portugal, aquele que, para mais, se intitulou, pela primeira vez, "Primaz das Hespanhas"[29].

Dessa união infere o pregador a justeza da nobre e magnificente cerimónia que se desenrolava. Porque, como afirma: "O 'ofício fúnebre de grande piedade' representa o acto da tumulação quando se diz 'sepultou'".

Premissas que desenvolve em seguida, ostentando o seu vasto saber e oratória sacra. A autoridade decorre do facto de um acto tão sublime ser protagonizado por um rei. Rei que, todavia, projecta este acto em gesto de verdadeiro afecto para com aquela que a si uniu, formando ambos uma só carne pelo casamento.

Sepultar um ente morto é dever de misericórdia e grande piedade, havendo mesmo de ser executado com profusão de lágrimas. E de tal modo se assume como obrigação pia e caritativa que se torna imperativo dar sepultura, conforme defende, mesmo a quem tenha dívidas ou até a um excomungado que, à hora da morte, deve ser absolvido para receber a paz da sepultura.

---

[29] Tal aconteceu, obviamente, se o sermão foi pregado depois da sua nomeação para arcebispo de Braga em 18 de Junho de 1361.

Não deixa, porém, de cativar a assistência com os seus profundos conhecimentos, ensinando como havia povos que incineravam os seus mortos, para que não se corrompessem, guardando depois as cinzas, e outros que os comiam, a saber os hircanianos (provenientes da Hircânia, região da Ásia) para não serem consumidos pelos vermes, mas conservando os seus seres dentro de si[30]. Torna-se manifesto que este prelado era um homem de ciência e de espírito muito aberto, sabendo captar as motivações mais profundas e o sentido da ritualidade de cada povo na veneração dos mortos. Conclui, porém, que a tradição religiosa judaico-cristã optou pela sepultura dos corpos na terra. Por duas razões fundamentais - a corroboração da máxima bíblica "tu és pó e em pó te hás-de tornar" e a esperança da futura ressurreição. Com um vivo sentido poético, compara o grão de trigo, que sendo sepultado na terra, morre e apodrece, para reviver e renascer com o calor do sol, ao corpo humano, o qual, igualmente fica encoberto e apodrece na terra, para ressurgir com vida, no dia da ressurreição.

A partir deste exórdio dá entrada a uma segunda parte da sua alocução fúnebre, ainda e sempre glosando o tema "sepultar". Encontra na Sagrada Escritura um tríplice sentido do termo sepultura - a do carácter, no véu dos costumes; a do corpo, no pó da terra; e a da alma, no extremo dos céus.

O desenvolvimento destas três premissas é um fervoroso convite à moral e bons costumes e à renúncia da vaidade e glórias mundanas, com uma finalidade soteriológica. Palavras sinceras e convictas do supremo pastor que quer salvar o seu rebanho, ou sermão encomendado por um soberano desiludido com o mundo e com os homens, porque lhe roubaram a alegria de viver, que

---

[30] Veja-se, no texto seguinte de António Rebelo, pp. 85 sqq. *infra*, as considerações sobre as referências de diversos autores sobre este povo.

a todos condena e anatematiza, esperando tão-só a paz e a bem-aventurança no outro mundo, eis o que poderemos perguntar.

D. João de Cardaillac expõe que o homem virtuoso, honesto e humilde está sepultado para o mundo. Envolvido no sudário dos bons costumes, humilha-se, desprezando as vaidades mundanais e meditando sobre a morte. Este recolhimento interior - esta "destemporalização", a que alude Mário Martins[31] - deixa-o perceber a realidade da sua mesquinha e pequena vida. Como parâmetros para tal meditação, o arcebispo primaz de Braga louva-se no Pseudo-Bernardo que recorda ao homem ser sémen fétido, saco de imundícies e alimento de vermes. E mais adverte que, mesmo sobre aqueles que perseverarem na humildade e virtude, espreita sempre a ameaça do diabo, qual hiena que desenterra os corpos para os devorar, aliciando os homens para uma vida de poder e orgulho, a fim de então os consumir para sempre. Apelo veemente ao *contemptus mundi* e ao *contemptus hominum*, temas que a poética e obras devocionais portuguesas desenvolverão só um pouco mais tarde.

Sendo, porém, o seu sermão um elogio fúnebre, D. Inês é retratada como sepultada em vida na humildade e boas obras, havendo rejeitado a glória do mundo, tal qual outra Débora, humildemente sepultada no sopé do monte Betel, junto a um carvalho, denominado Carvalho dos Prantos[32]. D. Inês, dita infanta, mulher virtuosa, generosa e de muitas qualidades, embora desposada pelo príncipe e contemplada com muitos filhos, soubera renunciar aos prazeres terrenos.

O tema do *contemptus mundi* é ainda mais acentuado na dilucidação do segundo sentido da palavra sepultura, a do corpo, no pó da terra. Apoiando-se na obra agostiniana, *"Do cuidado a ter*

---

[31] Martins 1969: 19-29.
[32] *Génesis*, 35, 6-8.

com os mortos" ("De cura pro mortuis gerenda")[33], defende que a pompa e solenidade das exéquias e os monumentos fúnebres que se constroem são, de algum modo, consolação para os vivos e não ajuda para os mortos. Perante a magnificência das cerimónias fúnebres que decorriam, com a presença dos mais altos senhores leigos e eclesiásticos do reino, frente à monumentalidade do riquíssimo túmulo destinado a Inês, o arcebispo de Braga opta por extrair, na dialéctica da sua antítese, uma magna lição.

Ensina, então, que cada vez que enterramos um morto ou contemplamos uma sepultura, devemos pensar na nossa própria morte. Morte de que ninguém escapa. "Não há títulos honoríficos, não há poder, não há sabedoria, não há astúcia, não há beleza, não há força, não há riquezas, não há grandezas que nos possam libertar da morte sem que todos tenhamos de morrer e ser sepultados". Não hesita, para dar mais vida a este retrato, em fazer entrar em cena a personagem Morte, e dar-lhe voz, para pronunciar a sua sentença de a todos arrebatar. Insiste, então, na efemeridade das glórias e vaidades mundanas e na transitoriedade do poder e da riqueza pelo desafio da interrogação – "onde estão, pergunto, os que disputavam os cargos políticos? Onde estão os que organizavam festas e convívios? Onde estão os criadores de esplêndidos cavalos? Onde estão os príncipes? Onde estão os sátrapas? Onde estão os tiranos? Onde estão os oradores insuperáveis? Onde estão os chefes dos exércitos?" Tudo e todos não são mais que pó e cinza. Tudo e todos são nada na similar aniquilação pela morte, do rico ou do pobre, do senhor ou do servo, do rei e do súbdito, do forte ou do fraco, do belo ou do feio.

É a dança da morte, igualitária, implacável, absoluta, que entra em palco numa cerimónia religiosa. Encenada, muito precocemente, perante a sociedade portuguesa, pela voz do

---

[33] Veja-se nesta obra a página 109.

pregador e pela escrita da parenética, antes de se modelar nas imagens da pintura ou nos relevos da escultura e de se fixar na prosa e na poética, como que em pré-anúncio do teatro religioso vicentino[34]. No remate da peça, e parafraseando o Livro sapiencial de Ben Sira, adverte: "não (se deve) desprezar a sepultura dos defuntos".

Em epílogo, glosa a asserção de que a última sepultura é a eterna, no alto céu. Sepultura perpétua e gloriosa do Salvador e dos santos, que não está ao alcance da nossa vista. Mas sabemos que nela não há tristeza ou sofrimento, mas apenas alegria. Aí viverão, gloriosamente e sem corrupção, os corpos dos santos. Incorruptibilidade que o antiste compara à dos corpos dos homens que habitavam a ilha da Hibérnia (Irlanda), fazendo eco do mito do perdido paraíso terrestre, ancorado em ilhas oceânicas.

No paraíso celeste, assim se deve acreditar, como afirma, estará sepultada a infanta, porque viveu com fé, bondade, piedade e justiça. E se, porventura, ofendeu alguém, fez penitência, limpando a sua alma. D. Inês confessou os seus pecados, arrependeu-se, faleceu e foi sepultada na Betúlia, "na casa do paraíso celeste".

Assim se conclui, com o *exemplum* da boa morte de D. Inês de Castro - contraposto da figuração esculpida da boa morte de D. Pedro - o sermão das suas solenes exéquias, proferido pelo arcebispo primaz de Braga, D. João de Cardaillac.

3 Este erudito sermão adquire, porém, uma outra projecção e redimensionamento, no diálogo perfeito entre a palavra e a pedra. Os homens e as mulheres presentes nas exéquias foram chamados a convocar a vista e os ouvidos para aderirem ao programa político memorialístico e legitimador do monarca.

---

[34] Martins 1969: 171-290.

D. Pedro, como já o expusera desde 1360, desejava sepultar-se em Alcobaça ao lado de sua mulher D. Inês de Castro. Mandou construir dois túmulos que, na sua gramática de micro-arquitectura criativa e antecipadora de soluções reais e no seu densíssimo e interpelante programa iconográfico de reabilitação da memória, se guindam a verdadeiras obras-primas.

Nascem de uma vontade política - a de D. Pedro[35]. Exigidos por uma realidade vivida - a dos amores de D. Pedro e D. Inês. Amores não fingidos ou "compostos", mas daqueles "que seu fumdamento teem sobre verdade"[36]. Amores que foram sentimentos verdadeiros de alegria e tragédia. Amores que foram assunto de Estado, assumidos entre um rei e seus conselheiros. Amores que miticamente se guindaram a lenda viva no coração dos homens. Amores que atingiram a grandeza, na poética e na prosa, de se fixarem em história dramática de belos e apaixonados heróis. Amores que se sublimaram na pedra, na sua legitimação terrena e celeste, sustentados numa dialéctica de contrários.

No programa escultórico dos túmulos de D. Pedro e D. Inês, em binómios icónicos afrontados, digladiam-se *Eros* e *Thanatos*, Amor e Ódio, Paixão Carnal e Casamento Legal, Amor/Pecado e Amor/Sacramento, Crime e Castigo, Morte e Redenção. O combate foi terreno. Teve vencedores e vencidos. Aparentemente, porque existe um outro mundo. E aí a vitória seria dos vencidos e a derrota dos vencedores. Vitória plena, porque eterna. Na figuração da pedra. Na memória dos homens.

---

[35] Não desconhecemos as opiniões dos especialistas, segundo as quais os túmulos podem ter sido superintendidos pelos monges cistercienses de Alcobaça e permeabilizados pelos seu ideário, decalcando mesmo modelos e gramáticas representativas já ensaiadas noutros espaços religiosos, mas parece-nos iniludível que o programa artístico neles desenvolvido foi previamente apresentado a D. Pedro e teve o seu pleno assentimento. Cfr. Vasconcelos 1928: 109-111.

[36] Lopes 2007: cap. 44.

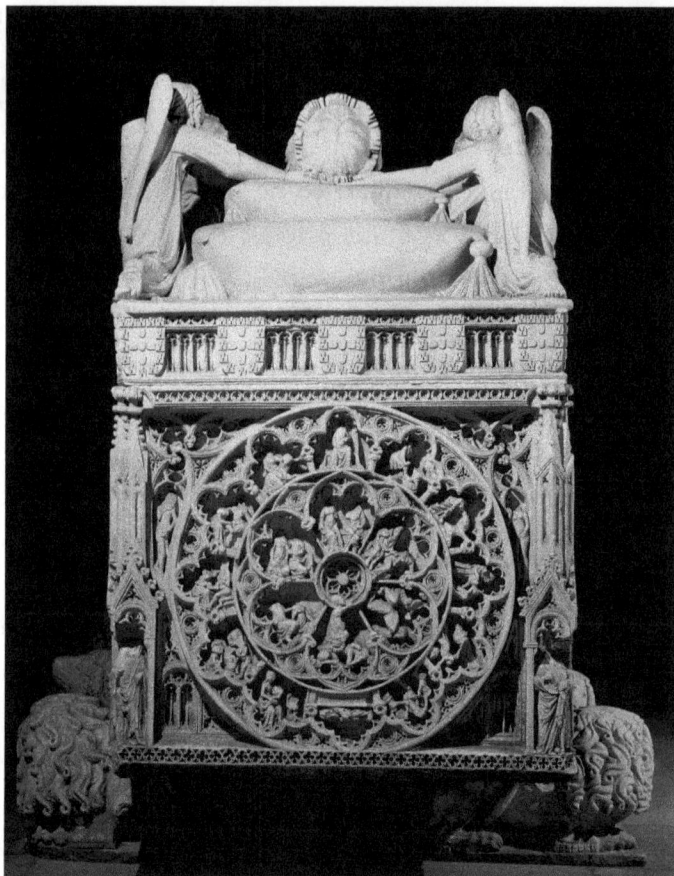

Fig 2. Túmulo de D. Pedro, pormenor do facial da cabeceira,
Roda da Fortuna. Mosteiro de Alcobaça

Quando D. João de Cardaillac pregou só o túmulo de D. Inês
estaria construído, na macia e branca pedra de Ançã[37]. O seu

―――――――――

[37] Como muitos autores referem, o túmulo de Inês estaria concluído em 1360,
enquanto o do rei se ergueu entre 1361 e 1367. No seu testamento de 17 de Janeiro
de 1367 D. Pedro declara: "E mandamos deitar o nosso corpo dentro na Igreja do
mosteiro de Alcobaça no Logo huu temos a nossa sepultura" (Sousa 1946: t. I, liv.
II: 408). Nestes túmulos se manifestam as correntes estéticas que imperavam nos
maiores centros artísticos da Itália, da França e da Península Ibérica, como Galiza,
Aragão e Catalunha. A sua concepção e direcção, a partir das directrizes de D.
Pedro, teriam sido encomendadas a mestres estrangeiros, mas neles poderiam ter

programa escultórico articular-se-ia, porém, com o que viria a ser esculpido no monumento de D. Pedro, com as edículas maiores dos laterais da arca preenchidas por passos da vida de S. Bartolomeu[38], e com os faciais trabalhados com a representação da boa morte de D. Pedro[39] e ainda com as interpelantes cenas históricas da vida de D. Pedro e de D. Inês, que se inscrevem na Roda da Fortuna da cabeceira[40]. Na dialéctica entre os programas escultóricos de ambas as arcas[41], numa viagem que da terra nos leva ao Além e dos actos ao seu julgamento, devemos hoje começar pela lição iconográfica da arca feral de D. Pedro para a de D. Inês, a fim de atingir a sua plena significação. Mas,

---

trabalhado várias mãos, algumas portuguesas. Cfr. Macedo e Goulão 1995: 446-454; Dias 1999: 51; Macedo 2013, 3: 21-31; Marinho 2013, 3: 73-85. E ainda sobre os efeitos do tempo e da acção humana sobre esses monumentos leiam-se os estudos de Remígio 2013, 3: 87-111; Rasquilho 2013, 3: 113- 123.

[38] D. Pedro escolhe a figuração de episódios da vida e martírio do seu santo padroeiro, S. Bartolomeu, patrono dos gagos, por uma específica devoção que lhe teria, mas também, certamente, por alguma identificação com alguns passos do seu peregrinar terreno. Para uma análise desse relato iconográfico, com muitos passos que não surgem no códice alcobacense da Legenda Áurea nem nas Vidas e Paixão dos Apóstolos, leiam-se, entre outros, Vasconcelos 1928: 95-102; Macedo e Goulão, 1995: 451-452.

[39] Aos pés do túmulo representa-se D. Pedro, nu, reclinado no seu leito, rodeado por eclesiásticos, familiares e amigos, de mãos erguidas, num gesto de penitência, sendo absolvido por um clérigo, para, logo em seguida, num ambiente ainda mais público e acompanhado, receber a extrema-unção.

[40] Vasconcelos 1928: 109 defende que não se trata verdadeiramente de uma Roda da Fortuna ou da Vida, que a iconografia medieval tanto reproduziu, mas que, nos seus movimentos ascendentes e descendentes, "traduz um pensamento filosófico análogo, encerrado na representação pormenorizada de factos históricos". Em seguida, na pormenorizada descodificação das diversas edículas (pp. 112-125), propõe a leitura de uma plena inocência de comportamentos de D. Inês e D. Pedro durante a união do Rei com D. Constança, só depois da morte desta se transmutando essa relação fraterna em conjugal. A ser esta uma proposta de leitura ela só poderia ser a dos monges alcobacenses, porque lhes interessaria esta apreensão muito canónica no plano da moral cristã e da mensagem política. Uma leitura mais ampla da roda com os sistemas mnemotécnicos conhecidos durante os século XIII e XIV é proposta no estudo de Valdez del Álamo 2013, 3: 61-71.

[41] Atente-se que a leitura tridimensional dos riquíssimos túmulos de D. Inês e D. Pedro é hoje prejudicada, no pormenor, pelos estragos neles praticados ao longo dos séculos, fosse para ver os restos mortais neles guardados ou para os roubar, como no tempo das Invasões Francesas (Vasconcelos 1928: 81-84).

nas cerimónias da trasladação dos restos mortais de D. Inês só a iconografia do seu túmulo se revelaria como memória e propaganda régia aos circunstantes[42].

Todo um percurso de sacralização se condensa no discurso narrativo do túmulo de D. Inês. Desde logo, nos seus frontais, desenrola-se a vida de Cristo, desde o nascimento à Paixão. O tema estava muito em voga desde finais do século XIII, relançado pela obra de um franciscano italiano anónimo, *Meditação sobre a vida de Cristo,* e inspiradora da sua tradução na arte europeia de então[43]. No frontal esquerdo mostra-se, sucessivamente, a Anunciação, a Natividade, a adoração dos Reis Magos, os soldados perante Herodes, a fuga para o Egipto e a apresentação no Templo, continuando este discurso narrativo no frontal direito com a Última Ceia, a oração no Horto, a prisão de Jesus, Jesus perante Pilatos, a Flagelação e o caminho para o Calvário.

Aproximemos a câmara sobre algumas cenas. A Anunciação está completamente mutilada, mas a Natividade é figurada em ambiente cortesão, com a Virgem reclinada sobre o leito, acompanhada por um S. José quase adormecido, ambos numa expectação calma e doce. E da vinda de Jesus ao mundo, passemos à sua prisão, cena que se desenrola em dois momentos.

---

[42] E neste estudo a nossa proposta não é a da análise da tumularia em si mesma, o que os especialistas da arte debatem com toda a proficiência, mas antes perceber o que os participantes no acto da trasladação dos restos mortais de D. Inês de Castro puderam ouvir, ver e descodificar à luz dos acontecimentos vividos e da mensagem política e simbólica que D. Pedro queria impor aos presentes e legar aos vindouros. As interpretações dos estudiosos têm sido múltiplas e para elas remetemos os leitores. Cfr. entre outros, Natividade 1910; Almeida 1991: 225-263; Saraiva 1996: 52-54; Macedo e Goulão 1995: 452-453.

[43] Costa 1986: 245. A análise do modelo de Calvário em várias obras artísticas europeias e o seu paralelismo com o programa do mesmo que se apesenta no túmulo de D. Inês foram tratados no estudo de Fernandes 2013, 3: 33-50. Uma leitura das cenas deste Calvário, à luz da doutrina mariana, apresenta-se no trabalho de Costeira 2013, 3: 51-60.

Fig. 3. Túmulo de D. Inês de Castro, vista lateral direito. Mosteiro de Alcobaça

De um lado, perante gente que se apinha para ver, Judas beija Cristo, identificando-o perante um soldado, para logo, num segundo acto, Judas se arrepender e enforcar. Tendo cedido à *desesperatio* pelo suicídio, a sua condenação era certa e irremediável. A sua alma não sai, então, da boca, elevando-se ao céu. Desce às nauseabundas e desprezíveis entranhas inferiores humanas e é arrancada pelo Diabo, anunciando desde logo o seu destino no hediondo e profundo Inferno. Também no episódio da oração no Horto há dois planos divididos por uma árvore. Vê-se num lado Cristo ajoelhado em oração e do outro o apóstolo Pedro e os filhos de Zebedeu adormecidos, tratados plasticamente com um notável naturalismo. Esta cena prolonga-se na da Flagelação, em que nos interpela o pelourinho de gaiola a que Jesus está preso, certamente inexistente em Portugal na época, mas comum na Europa. Mais nos prende o olhar a figuração do Caminho para o Calvário. Fixamo-nos, de imediato, na enorme Cruz que Cristo carrega às costas e depois na cativante expressão de dor serena das santas mulheres que, de cabeça e cara muito tapadas e longo manto, seguem o Senhor, aliviando-lhe o peso do Lenho. O clímax de todo este percurso terreno de Jesus condensa-se na cabeceira do túmulo, em que se encena um expressivo Calvário.

Fig. 4. Túmulo de D. Inês de Castro, pormenor do facial da cabeceira. Mosteiro de Alcobaça

Composto por diversos planos, destacam-se, ao fundo, figuras de anjos envoltos em nuvens, que nos evocam a espacialidade celeste. E, como pano de fundo da cena do primeiro plano, vislumbra-se ainda um pano de muralhas e torres, por certo evocação da Cidade

Santa de Jerusalém, que nos transporta também para a correlação com a Jerusalém Celeste. Só depois, avançando para a "boca de cena", se figura Cristo na Cruz, a par do bom e do mau ladrão, por entre assistentes e acompanhantes. Ao lado de Cristo estão as santas mulheres e João. De novo impressiona a dramaticidade contida da dor feminina, aqui personificada na Virgem, que, sem forças, exangue perante o sofrimento do seu Filho, sucumbe ao peso da dor, cedendo no equilíbrio do seu corpo. E toda esta cena está carregada de movimento nas inclinações de cabeça dos personagens, nas expressões dos rostos, na gestualidade, sabendo o artista moldar vida em pedra.

A proposta de decorar as três faces da arca feral de D. Inês com o itinerário da vida e morte de Cristo parece-nos bem ousada. D. Pedro quis, por certo, assimilar a sua morte, por amor a um homem, à morte de Jesus, por amor aos homens. Mas o relevo dado a certas cenas e gestos não será um acaso, projectando-nos sentimentos do seu amado. Fulcral o episódio da traição de Judas, no realismo do beijo dado a Cristo e logo depois no seu castigo terreno e eterno. A cena remete-nos para as vivências de D. Pedro, sentindo-se atraiçoado pelos conselheiros régios e mesmo pelo próprio monarca, seu pai, que decidiram a morte de D. Inês e a mandaram executar, de novo revendo a sua desgraça neste outro contexto simbólico. Mas, em consentâneo, nesta encenação, aponta-se a desejada vingança - o castigo do traidor em vida e a sua eterna condenação aos suplícios do Inferno. Depois o grande realismo concentra-se na dor dos que ficam, dos que assistem à *via crucis* de Jesus. Também D. Pedro teve de sofrer a morte da mulher amada, carregando toda a vida a dor do fogo da paixão por um ser ausente, que apenas encontrava lenitivos no fogo da vingança sobre os assassinos ou na encarniçada vontade de legitimar o seu amor e engrandecer a sua bem-amada, exigindo para ela a homenagem dos homens e projectando sobre ela a glória divina.

O furor da vingança levou-o mesmo a exigir que o retrato dos traidores e assassinos, sob a forma de monstros, com rostos humanos, imberbes ou barbados, encapuchados, e com corpo de animal, se estampassem nos suportes do túmulo, condenando-os assim a suportar o peso da sua vítima, da sua culpa. Composição escultórica que acrescentava ao túmulo essa ideia de enigma, de valor simbólico e alegórico, que as esfinges conferiam à tumulária da Antiguidade[44]. E à mesma sujeição e dominância submetia a lascívia e luxúria, essa figura feminina agarrada a um símio, porque a mulher tumulada era a sua legítima esposa, a rainha.

Rainha figurada no seu jacente com toda a graça, beleza e donaire da sua vida. Enverga vestido longo e muito pregueado, que lhe cobre os pés e cai naturalmente sobre a arca. A sua mão direita toca o colar que tem ao pescoço, num gesto de requintada garridice, enquanto a esquerda, enluvada, segura a outra luva do seu traje cortês. A sua cabeça está coberta de um fino véu e sobre ela repousa uma coroa. É rainha. Rainha depois de morta. Rainha em repouso, deitada de olhos abertos e expressão tranquila. Rainha purificada, quase com odor de santidade. Um par de anjos turiferários incensam-na, enquanto outras quatro figuras aladas de alongados braços lhe soerguem a cabeça e o corpo, como que elevando-os até aos espaços celestiais. E essa aura de beatitude, sacralidade e realeza acentua-se com o baldaquino, de bela composição arquitectónica, que lhe protege a cabeça. Por sua vez, os escudos alternados de Portugal e dos Castro, que decoram o bordo inferior da franja, reafirmam a união dos dois amantes.

A consagração dos amores de D. Pedro e D. Inês estão, porém, maximamente condensados na iconologia do Juízo Final esculpido aos pés do túmulo de D. Inês. A ler em diálogo com a Roda da Fortuna, a Roda da Vida, posteriormente inscrita na cabeceira do túmulo de D. Pedro, narrando a saga dramática terrena dos amantes, o percurso da sua vida, dos seus amores à tragédia. Este

---

[44] Macedo e Goulão 1995: 495.

Juízo Final é o remate de toda a história que os sarcófagos deste par amoroso nos contam. É o seu epílogo. Ousado, temerário e terrível, quase heterodoxo, no contexto da sua formulação, como desenvolve António José Saraiva[45].

D. Pedro, ao gizar, para si e para D. Inês, tal programa para além da morte, acreditaria, na sua personalidade visionária e contraditória, e queria fazer acreditar, na sacralidade do seu amor, no seu casamento, e até no reinado de D. Inês. E era em torno dessa união santificada, ou da sua justificação, que os céus e a terra se moviam. Nunca, porém, sem esquecer a justiça. Por ela pautou toda a sua vida e praxis governativa. D. Pedro tinha sede de justiça. A crime, castigo era a sua obsessão. O bem que lhe fora roubado, a injustiça que sofrera, despertava todas as suas pulsões punitivas. Feito rei, castigou os assassinos de D. Inês. Na terra. Queria mais. O seu castigo no Além.

Deus, pensado sempre por cada homem um pouco à sua imagem e semelhança, só podia ser, para D. Pedro, um Deus de Justiça. Que perenemente condenasse os maus, como os carrascos da sua amada, ao Inferno, lugar da morte eterna[46]. E só Ele, enfim, poderia premiar os injustiçados e juntar no Além, de novo, D. Pedro e D. Inês, oferecendo-lhes o ensejo de fruírem, para sempre, das delícias do Paraíso, compensando-os das agruras do seu Inferno terreno e sacralizando o seu amor condenado pelos homens. Por isso D. Pedro e D. Inês, numa janela geminada da Jerusalém Celeste, unidos e de mãos erguidas, participam já da bem-aventurança que o eterno Juiz lhes concedera, talvez mesmo antes do julgamento no final dos tempos.

O Juízo Final esculpido nos pés do túmulo de D. Inês é uma obra rara. Desde logo única na iconografia portuguesa. Muito pouco vulgar também no contexto europeu, onde os Juízos Finais se representam em tímpanos de portais ou frescos de igrejas e não na

---

[45] Saraiva 1996:. 54.
[46] Baschet 1986: 5.

arte funerária. Sem a descontextualizarmos do todo programático em que se insere, na lição iconológica dos túmulos de D. Pedro e D. Inês, ela merece também um olhar por si mesma.

Fig. 5 Túmulo de D. Inês de Castro, pormenor do facial dos pés.
Mosteiro de Alcobaça

O artista da obra, que a concebeu à maneira de um tímpano, estaria familiarizado com as figurações escultóricas francesas do tema, correntes nos séculos XII e XIII, tal como no portal românico de Sainte Eloy de Conques ou com as iluminuras dos saltérios ou outros manuscritos desta época, ainda que, como veremos, tivesse já contemplado as novidades introduzidas na centúria seguinte. Preside a toda a cena um Cristo-Rei, juiz, que julga na companhia dos doze Apóstolos, como preconizava S. Mateus[47]. Os seus atributos judiciais, figuram-se claramente na espada que empunha na mão direita, com a lâmina voltada para cima, símbolo do seu poder e da sua clemência. É um juiz que exerce a justiça divina, à imagem e semelhança dos reis - daí a coroa e a sua posição em majestade -, que têm o poder de a exercer na terra. É significativa, aliás, a similitude desta imagem de Cristo com a de D. Pedro no trono, no alto da Roda da Fortuna. É um Cristo-juiz, cuja autoridade dimana tanto da sua humanidade, como da sua transcendência. Julga, porque foi julgado, e por amor dos homens sofreu a crucificação. Morrendo venceu a morte, porque ressuscitou ao terceiro dia. Esse poder, que lhe advém da sua paixão e ressurreição, figura-se na Cruz que um anjo eleva à sua direita, erguendo-a bem alto, a ponto de se sobrepor ao limite do espaço celeste, e nos demais instrumentos da sua paixão (muito mutilados) que os demais seres angelicais ostentam. Mas esse poder dimana também da sua transcendência como Deus, que reina sobre a corte celeste. O seu trono assenta, desde logo, numa nuvem, indício do mundo celestial e ao seu lado direito ajoelha-se a Virgem, intercedendo pelas almas, rodeada pelos doze Apóstolos, enquanto à direita dois seres alados, querubins ou anjos, advogariam a causa dos homens.

Todavia esta majestade de Cristo já não representa uma "teofania escatológica", mostrando-se a divindade na sua glória intemporal, mas uma "teofania parusíaca", situada no horizonte da história, no momento do regresso de Cristo à terra, acrescida ainda pela dimensão judicial que faz de Cristo o juiz da humanidade. Logo, não se mostra um Cristo glorioso, que se oferece a todos como um pólo de convergência, mas um Cristo-juiz que traça uma linha divisória, recompensando uns e condenando outros[48].

---

[47] Mateus, 19, 28. Santos 1924: 86.
[48] Baschet 1993: 136-139.

O tempo a vir, o último dia, anunciado pelo Novo Testamento, esse momento cósmico que convoca a humanidade inteira, todos os vivos e mortos, que mudará o curso dos astros e marcará o fim do tempo e do mundo criado, é-nos sugerido pela parte final da composição. Nela os mortos elevam-se nus dos seus túmulos, pois como profetizara Ezequiel, os mortos ressuscitarão, erguendo-se pelos seus pés, em corpo e espírito: "Assim fala o Senhor Deus a estes ossos: Eis que vou introduzir em vós o sopro da vida para que revivais. Dar-vos-ei nervos, farei crescer a carne que revestirei de pele e depois dar-vos--ei o sopro da vida, para que revivais. Sabereis assim, que Eu sou o Senhor"[49]. Mas neste exército colectivo há diferenciações sociais, claramente se destacando a tiara de um papa, a mitra de um bispo e a coroa de um rei, porque, ao tempo, a doutrina de um julgamento individual e da responsabilização pessoal corria a par da do Juízo Final da Parusia. Para além de que a morte colectiva e brutal que a Peste Negra impusera, espectáculo próximo da elaboração destes monumentos, reforçaria ainda mais a certeza de que nenhum homem, por mais poderoso que fosse, escaparia à foice da negra ceifeira, numa submissão das hierarquias sociais ao poder nivelador da morte, que posteriormente se transporá para a iconografia da dança macabra. Eterniza-se, na lição da pedra, a lição da palavra.

É sobre esses mortos que recai o juízo divino da salvação ou da condenação, encarnado aqui, na sua concepção arcaizante, sobretudo como um destino. A reunião com Deus aparece como o sinal decisivo da recompensa, enquanto a rejeição é a essência da pena infernal, a expressão da *damnatio*[50]. A salvação é marcada como um caminho ascendente, por onde segue o cortejo dos justos, envergando longas túnicas, sem dúvida brancas, símbolo da sua pureza, erguendo as mãos em gestos de louvor e oração e ostentando já a coroa da sua

---

[49] Ezequiel, 37, 5-6.
[50] Baschet 1993:229.

glória e salvação. Seguem, placidamente, acompanhados e ampa-
rados, na cauda, por um anjo. A condenação visualiza-se na linha
descendente, de forte inclinação, em que os maus, nus e de corpos
desproporcionados, com gestos convulsivos de desespero e dor,
arranhando a cara e arrepelando os cabelos, são inevitavelmente
forçados a precipitarem-se no abismo, com a ajuda do demónio,
de corpo disforme, que os empurra. De um lado a beleza, a ordem,
a serenidade do gesto. Do outro a fealdade, a desordem, a gestualidade tumultuada. Na dicotomia de planos inclinados, o Bem e o
Mal. Projectando-se ainda nesta imagética infernal um apontamento
das Visões de S. Paulo, que antevira os condenados estendendo
as mãos para os frutos e a água da árvore e fonte da vida, aqui es-
quematicamente representada pela árvore, só com ramos e despida
de frutos, que se encontra por trás dos condenados[51].

É este cortejo dos justos e dos condenados, que preenche
a centralidade da linha intermédia da composição. Os lugares
da salvação e condenação são marginais, representando-se, como
é comum, o Paraíso à direita e o Inferno à esquerda. O Paraíso
simboliza-se, muito discretamente, por um pórtico coberto por
uma cúpula gomada, antecipando, precursoramente, as cúpulas
de gomos que virão a ser utilizadas na Torre de Belém. Os bem-
-aventurados, já virados de costas, representação invulgar em
tempos predominantes da frontalidade ou da torsão lateral do
corpo, entram nessa porta do Paraíso, no final da sua ascensão. O
lugar do Inferno, ainda que marginal, é, comparativamente, bem
mais evidente e ameaçador. Figura-se pela goela do Leviatã - a
sua emblemática por excelência no gótico francês - imagética que
colhe as suas raízes no *Livro de Job* e no *Apocalipse*. Esse Inferno,
que verdadeiramente excede as nossas capacidades de pensamento,
linguagem e representação, é caracterizado, na goela, pela me-

---

[51] Macedo e Goulão 1995: 494.

táfora da animalidade devoradora, no abismo, pela evocação das profundidades terrestres e das trevas, e no fogo, pela sugestão do calor e das chamas que devoram e consomem. Modelação geral do Inferno, sobretudo como uma realidade global, corporizada num poder hostil, que ameaça pelos seus sinais de desordem e pelo fantasma da morte destruidora.

A marca da novidade está todavia presente, numa nota sobre aquilo que se passa no Inferno, a mostra das penas infernais. Originalidade já presente em Conques, mas excepcionalmente, pois é no século XIV, primeiro em Itália e só depois em França, que o Inferno emerge como um complexo sistema judicial, estruturando as suas penas em função dos pecados dos condenados. Evolui-se de um afrontamento de poderes celestes e demoníacos, inicialmente prevalente, para uma progressiva valorização dos lugares, nos quais se efectiva a retribuição dos méritos ou desméritos[52].

Neste Juízo Final do túmulo de D. Inês as penas condensam-se sobremaneira numa imagem de grande efeito visual - uma figura híbrida, meio homem, meio animal, similar a um centauro, faz girar com uma das mãos um eixo, onde está espetado um condenado, que assim vai assando, ao mesmo tempo que é picado com uma vara, que o monstro enverga na mão direita. A justiça divina marca-se, assim, no corpo das próprias vítimas e não se dilui na ingestão colectiva pela boca monstruosa do Leviatã. Este castigo - a que se acumula o do avarento que, no Inferno, carrega ao pescoço a sua pesada bolsa de moedas - ganha até mais força do que uma multiplicidade redundante de imagens de penalizações, levando os homens a interiorizarem as suas culpas e os seus pecados individuais. O Inferno assume-se, então, como um lugar de memória, lembrando a cada cristão as suas faltas pela memorização dessas *imagines agentes*", que são os castigos, convidando-o à acção, à penitência e

---

[52] Baschet 1993:290.

à confissão para se livrar dessa eterna condenação[53]. Este pormenor serviria também as intenções do encomendante. Se D. Pedro castigara na terra, individualmente, os assassinos de D. Inês, a sua condenação eterna ganhava força com a representação das penas pessoais que recaíam sobre os pecadores.

No contexto desta segunda metade do século XIV, em que a ira de Deus já se manifestara pela Peste Negra e os medos da fome e da epidemia já cresciam no coração dos homens, o temor das penas infernais era o natural desenvolvimento de uma pastoral culpabilizadora, que sustentaria o poder simbólico da Igreja. Mas esse "cristianismo do medo" era apenas um meio, não um fim em si mesmo. Por ele a Igreja queria "cristianizar" minimamente o Além, combatendo todas as concepções que ofereciam aos homens a possibilidade de salvação sem a intermediação da Igreja. A ameaça do Inferno devia dar lugar menos a um *sentimento* e mais a um *acto* (de salvação). O seu objectivo era não tanto fazer medo, mas fazer agir[54]. Sobremaneira conduzindo os homens à penitência e à confissão, o antídoto contra a condenação eterna. Logo o inferno convertia-se também num instrumento de controlo social pelo controlo das consciências e a reforma das condutas.

Mas este Inferno de penas, expressão das pulsões destruidoras, lugar em que se manifestava a ira divina, podia garantir a alguns homens a reposição de uma ordem e justiça divinas, negada pela desordem e injustiça do mundo e dos homens. Inverter o poder de matar em crime de ter matado. No Inferno. Transmutar a dor em amor. No Paraíso. D. Pedro assim poderia interiorizar a imagem do facial dos pés da arca de D. Inês. Mas todo e qualquer homem colheria desse poderoso quadro a mensagem da justiça de Deus, que, ameaçando com o castigo dos pecadores, convidaria a uma

---

[53] Baschet 1993: 496-497.
[54] Baschet 1993: 579-580.

conversão interior, a uma religião de Amor a Deus e aos homens. Fechava-se o ciclo. Da entronização de *Eros*, do amor terreno, lição que os túmulos de D. Pedro e D. Inês encerram, se atingiria, por *Thanatos*, esse sentimento outro, projectado para o Além, do amor divino. Atravessava-se a ponte que do profano conduzia ao sagrado.

Nos inícios dos anos 60 da centúria de Trezentos, no grandioso e afamado mosteiro de Alcobaça, por ocasião das solenes exéquias da trasladação dos restos mortais de D. Inês de Castro, os circunstantes ouviram e contemplaram.

Escutaram o encómio da sepultura dos homens para as vaidades e vã glória do mundo, pela crítica dos que a elas se entregavam, e pelo louvor dos que, desprezando-as, se compraziam na virtude e humildade. Porque só para esses estava, enfim, reservada a bem-aventurança de viverem em corpo glorioso na eterna alegria do Paraíso. Escutaram, na defesa da tese oficial do legítimo casamento dos amantes, que, tal como Abraão honradamente sepultara Sara, assim D. Pedro, na piedade e no afecto de um justo marido, regiamente sepultara Inês.

Admiraram o jacente de uma rainha identificada e coroada. Admiraram, na arca tumular de D. Inês, todo o cenário da *via crucis* de Cristo, desde o Nascimento ao Calvário, numa sacralização da sua última morada pela comunhão do sofrimento redentor e morte inocente da infanta com o sofrimento e a paixão salvíficas de Jesus. Sacrifício terreno que se compensava com a glória de desfrutar, já nas alturas celestiais, a visão apocalíptica do Juízo Final, modelado aos pés do seu monumento fúnebre.

E eis assim os amores de D. Pedro e D. Inês legitimados, celebrados, sacralizados. Duplamente eternizados. Duplamente redimidos. Pela memória do verbo, pela memória da pedra. Ontem e "até ao fim do mundo".

Maria Helena da Cruz Coelho

REPRODUÇÃO EM FAC-SÍMILE

BIBLIOTECA NACIONAL DE PARIS,
MS. LAT. N.º 3294, FLS. 211-213.

Fig. 6. Acácio Lino de Magalhães, Trasladação de Inês de Castro (1904).
Faculdade de Belas Artes da Universidade do Porto.

infirmitatem

Officiom magne pietat

officiom legitime societatis

Nota in margine

mort sine quibuslibet solacia no adintoria defunctor et ipsi tales sepultura est co
videnda a nobis sumetibus ppt duos. Primo ad comune cuius naufragium medim
quis debem et qui videmus alios sepelire medieta nobis met ipos et cognovim qui
ad similem cursum habemus necessario devenire Sm ioh qui e qui sumet et nobi
nos moriturus sm morte oportet volente q memor esto qm no tardit u impossi
venire mors ccstui xchj. Secundo est sepultura defunctor qp admudi et co
resplaudt a nobis ad inuidue glorie dispedm derespnudu Sm ij sepulturus defunctor
potes vide qp nulla nobiliter nulla pulmitrudo nulla potestas nulla suprema nulla
iusticia nulla plnitudo nulla fortitudo nulla sanitas nulla excellente possint nos
a morte situire qm omis morte habemus et sepeli Set omia ista pauche dicebant
proprio sm medietas sua de dmicus et maiory nobilitate te pulmis de potens et
honoribus qui vibi ab spiritu exibuit te exaltat cuis pie eos qui alte te simuli
bus fulgere splendoribus sibi sunt sibi maiora sm quos inubielatur. Cuius potentia
sibi qui quierecq festa disponebit sibi equos splendidis uictoris sibi pnicipe
sibi principe sibi trituru sibi ij supabiles ozardue sibi excercitu duces sero
ora pulsio et sine et ij paucis breviby cor sine memoria e vide illos sepul
anch dicerne si potes quis dues quis paup quis dus quis sums adsint diceu
si potes sumetu a rege forte adsunt pulcru la forma lic ille ut uiro dia
tullibz uiri ne despiciat sepultum defunctor cctera verbis

Tercia dico et ultima sepultura e sepultura cruciis ij polos et sere sistne
sepultura saluator qui ij crua gloria et ay altissimus cruat sepetur
et mei sepulti anostris asperibz abstraut dicti sepultura dom e cctera xl
corpora xlox ij pace sepulta set et bonent noui a fict defunuele sebum
suy qp xx ip sepulta e ij minuert hoc e ij excelsis cre ipm sepultum
est multu apertur qp duos pp qp sepulti ij tali sepultura uitaj dolcem una
cristianus inuo gaudeut sevehemet et pminent tale sepultura iob xvij suy qi
corpora sepulta ij ista sepultura prindissimo putresciut in corruption pmo
set dicit de quadam tripula ybe ione ij q corpora sepultor meu putresciut
trim ij illa brudi sepultura uiuaj corpora nostra non cesseti cui corruper
et hoc c ap sebire uitam po qp no dubio sm ora videre. Corruptex cre ij ista
sepultura pie credendum est et ura belle dens qp sm sepulti ipa dua cxj
saluspqui sm i pie et uiste xpiu ij hoc mudo breupe nobis p dignos fa
ciut informato for seti Pluru hoc si ij alis dei ij hoc mudo offendit sm
egerut penury ij hoc mudo mortc reporaley sustinedo et pic cu puiem
dicay sudoz penitebit pie optmadu est ipuy xicey ac muttuy salutissegni
ciocis qp eius aut et ura placeat deo sm sepulti ij prindisolm de ipa gelud
do dicit sulonu illud predic xv propte predic q di ijsterne defunctu est i sepulti

ij Berulia que dicitur domus folium· May ist dñi Agnes budeus mortem
ruam et pc dño ofereus et todoleus rearu suog suoania est/ et sepulcu nostru
ria opimoet ij berulia hoc e domo folhuu prandist bzu qua uos et ipam sepeliu
suahbur frearu ipe des filig ip euertu secula benedietu

EDIÇÃO CRÍTICA

Introdução

O texto do Sermão de D. João de Cardaillac é-nos transmitido pela compilação recolhida no Ms. Lat. n.º 3294 da Biblioteca Nacional de Paris, a fls. 211-213.

Salvador Dias Arnaut publicou, em 1960, a sua transcrição. Datada de finais de 1960, embora tenha vindo a lume já em 1961, Sérgio da Silva Pinto apresenta a sua versão, com a ajuda de Jesus Ferro Couselo, director do Arquivo Provincial de Orense. Apesar de Salvador Dias Arnaut ter reconhecido que teve conhecimento parcial do texto por via de Sérgio da Silva Pinto, este, que compulsou o estudo de Arnaut quando revia as provas do seu trabalho, deduz que Arnaut tenha colhido a informação completa a partir de estudos de G. Mollat, um dos quais já havia sido citado pelo P. António Brásio no seu artigo "Da Legitimidade dos Filhos de D. Pedro", publicado no Arquivo Histórico de Portugal (II série, 1.1 (1958) 97-109. Esta explicação é fornecida em addenda por Sérgio da Silva Pinto. Acrescenta ainda que "a transcrição que ora se estampa difere, em pormenores, da inserta no vol. do Dr. Arnaut". Reafirma o cotejo pelo fac-símile do manuscrito e talvez a julgue mais segura por a revisão final ter sido realizada pelo paleógrafo Dr. Egídio Amorim Guimarães.

Consideramos que a lição de Salvador Dias Arnaut é qualitativamente superior à de Sérgio da Silva Pinto, uma vez que algumas variantes, pouco significativas, se ficam a dever às habituais contingências inerentes a qualquer revisão tipográfica: não passam de simples gralhas.

Sempre que optámos pela lição do manuscrito ou divergimos de uma das outras lições, assinalámos devidamente as variantes por referência às publicações dos dois estudiosos recorrendo às siglas A e P:

A - Arnaut, Salvador Dias (1960).
P - Pinto, Sérgio da Silva (1961).

Procurámos, tanto quanto possível, respeitar o texto e preservar a riqueza das suas características fonéticas, morfológicas, sintácticas, gráficas. Por serem representativas dos elementos específicos, distintivos das singularidades linguísticas e literárias, os estudiosos poderão, assim, tirar daí ilações de natureza diversa que não se confinam aos estudos filológicos.

A nossa fixação crítica alicerça, por isso, a sua justificação em critérios filológicos, ancorados nas especificidades do latim da Idade Média, como o leitor pode compreender a partir da tradução, em pleno respeito pelas normas vigentes entre os editores médio-latinistas[1].

Com efeito, a tradução é o comentário mais seguro e fiel de uma edição crítica, pois é ela que justifica os critérios que presidiram à fixação do texto crítico, as opções, conjecturas ou correcções introduzidas e até a pontuação utilizada. O filólogo tem, pois, na tradução o melhor instrumento para dar a conhecer e submeter aos estudiosos as opções ecdóticas que tomou com base na interpretação do texto e nas particularidades linguísticas.

---

[1] Sobre esta questão das normas de edição e de transcrição de textos latinos medieuais, remetemos para o nosso trabalho Martyrium et gesta Infantis Domini Fernandi: a biografia latina de D. Fernando, o Infante Santo, Lisboa: Fundação Calouste Gulbenkian, 2007.

Não são muitos os lapsos, mesmo ortográficos, atribuíveis indubitavelmente ao copista. O mais relevante é o que configura uma leitura forçada pela assonância registada em *ingemesse*: *intremesse*, que mão tardia alterou para *contremesse*. Na fixação crítica do texto, não corrigimos a grafia e, de modo particular, as sibilantes, para podermos apreciar as variantes gráficas das mesmas valências fonéticas (*ingemesse/ingemisce*).

Da mesma forma, mantivemos, como já foi dito, grafias fortemente influenciadas pela fonética medieval por serem reveladoras deste tipo de características. Assim, por exemplo, mantivemos a grafia *requiessio*, embora, como é sabido, a grafia clássica seja *requietio*, um caso paradigmático de assibilação da dental a ponto de se confundir com um *s* forte geminado. Pelo mesmo motivo, conservámos grafias como *scinceritatem, concidera, dicerne, sapiencia, diuicie, excellencie*, a par de outras como *astutia* (em vez de *sinceritatem, considera, discerne, sapientia, diuitiae, excellentiae*, respectivamente). Mantivemos ainda inalteráveis características comuns ao latim da Idade Média, como geminadas indevidas (e.g. *Sarra*), a epêntese da oclusiva bilabial surda entre duas nasais (e.g. *sollempnis*), o uso indevido do *y* (e.g. *ymmo, ypocrisim*), acompanhado ou não da falta da aspirada (e.g. *Yrcani*). Muitas destas grafias são reincidentes, assumindo-se, por isso mesmo, como características específicas do compilador.

Sermo per eundem factus in sepultura Regine Portugalie facta
per Regem.

Sepeliuit Abraam Saray uxorem suam (Gen. XXIII°).

Sicud narat ystoria Libri Generationis quamuis Abraam, qui
5 dicitur 'pater excelsus', uel 'pater multitudinis', uel 'pater uidens
6 populum', aliquando Saram ueram uxorem suam fore absconderit,
7 puta Regis Egipti Pharaonis metu dubitando tamen quantum
8 ad dilectionem et curam ipsius Sarre uiuentis et maxime ipsius
9 deffuncte, lamentatione et magnifica sepultura ipsam suam fore
10 coniugem indicauit. Et in tantum circa ipsius Sarre sepulture
11 exsequias se habuit honoranter quod ipsius sarre sepultura prima
12 quantum ad sollempnitatem legitur in Veteri Testamento sicut
13 patet ubi thema. ³

14 Carissimi, quid ad litteram melius iste Abraam, qui fuit princeps
15 (Gen. XXIIII°), potest dici?

16 Sicut illustris princeps dominus Rex Portugalie, qui est Rex
17 *magnus et excelsus super omnes populos* (Ps. XCVIII°): ymmo
18 ipse est Dominus excelsus scilicet per potenciam et terribilis
19 Rex scilicet per iusticiam (Ps. XLVI°). Ipse est uidens populum
20 Regnorum suorum, ipsum per curam et sollicitudinis regimen
21 intuendo, dicens illud (Gen. XVIII°) scriptum: "Descendi ut uiderem
22 clamorem populi mei et liberarem eum".

---

3 Sepeliuit – uxorem suam] *Gen* 23.19.   **17** magnus – populos] *Ps* 99 (98), 1-2.
18 Dominus – terribilis] cfr *Ps* 47 (46).3   **21-22** Descendi – eum] cfr *Ex* 3.7-8.

---

1 eundem] aundem *A*   portugalie] portugalle *P*   **6** aliquando] aliquan *P*
7 metu *P*] metum *cod.*   **11** honoranter] honorabiliter *A*   **18** scilicet] sed *P*
19 scilicet] sed *P*

TRADUÇÃO

Sermão proferido pelo mesmo [D. João de Cardaillac] por ocasião das exéquias da Rainha de Portugal organizadas pelo Rei.

Abraão sepultou Sara, sua esposa (Gen 23).

Tal como narra a história do Livro do Génesis, embora Abraão, cujo nome significa "pai excelso" ou "pai de uma multidão" ou "pai que olha pelo seu povo", tivesse ocultado, em certa altura, que Sara era a sua verdadeira esposa, angustiado, com medo do Faraó (como quem diz, o Rei do Egipto), já no que diz respeito ao amor e carinho que ele nutria por Sara, em vida e sobretudo depois da sua morte, quis manifestar com o seu pranto e com uma magnífica sepultura que ela fora sua esposa. E ele comportou-se de forma tão honrosa com as exéquias fúnebres de Sara, que, segundo se pode ler no Antigo Testamento, a sepultura de Sara foi a primeira quanto à solenidade, tal como está exposto no passo indicado no tema.

E, caríssimos, como é que se pode descrever com maior propriedade este Abraão, que foi príncipe (Gen 24)?

Da mesma forma é príncipe ilustre o Senhor Rei de Portugal, que é um Rei grande e excelso, acima de todos os povos (Ps. 98). E é, na verdade, um senhor excelso, particularmente pelo seu poder, e um rei terrível, particularmente pela sua justiça (Ps. 46)· É ele que olha pelo povo dos seus Reinos, cuidando dele com a estima e solicitude da sua governação, confirmando o que está escrito (Gen. 18): "Desci para ver o clamor do meu povo e o libertar".

²³ Iste Abraam, princeps magnus et excelsus, licet aliquando – iram
²⁴ et motum Domini Regis Alfonci, patris sui, dubitando – Dominam
²⁵ Agnetem de Castro Infantissam, cuius exequias in presenti celebramus,
²⁶ uxorem suam esse celauit, tamen quantum ad dilectionis et cure ipsius
²⁷ dum uiueret scinceritatem et potissime nunc deffuncte sepulture
²⁸ ipsius excellentem nobilitatem, suam fuisse coniugem cunctis Regni
²⁹ sui subditis hodie intimauit.

³⁰ Nostis enim de iure ita esse quod ubi uxor sepulturam non
³¹ eligit ad maritum pertinet sepulturam pro ea eligere et exequias
³² facere celebrare; et pro tanto quia prefata Domina Agnes, que ad
³³ litteram dicitur Sarra, hoc est, principissa et uxor Domini Regis,
³⁴ tunc Infantis et Principis, primatum et principatum post Dominum
³⁵ Regem tunc tenentis, preuenta morte, sepulturam non eligit.
³⁶ Dignum fuit Dominum Regem, maritum suum, pro ipsa sepulturam
³⁷ eligere et ipsius exequias, ut uidetur hodie, facere celebrari, que
³⁸ ut cernitis adeo magnifice sunt et sollempnes, quod, quantum ad
³⁹ ipsarum excellentiam, nulli persone in isto Regno adhuc factam
⁴⁰ prime propter nobilitatem et ipsarum magnificenciam possunt dici.

⁴¹ Et ipsarum officium debet a nobis et posteris in memoriam
⁴² ennarari, dicentes uerba thematis preassumpti "Sepeliuit Abraam
⁴³ Saram, uxorem suam", ubi supra, in quibus uerbis breuiter tria
⁴⁴ concideranda occurunt uidelicet:

⁴⁵ officium magne pieta	tis	quia sepeliuit
⁴⁶ fastigium eximie potesta	tis	quia abraam
⁴⁷ consorcium legitime societa tis		quia uxorem suam.

---

24 Alfonci] alfonc *A*   **25** Infantissam] *in margine,* Infantulam *deletum*
27 nunc] nec *P*   **37** ut uidetur] uidetis *P*   **38** cernitis] *superscriptum*
40 prime] preuie *P*   **40** magnificenciam] magnificensiam *P*   **41** debet] dicitur
P   **46** eximie] exime *P*

Este outro Abraão, príncipe grande e excelso, apesar de ter ocultado, em tempos idos, que a infanta D. Inês de Castro, cujas exéquias presentemente celebramos, era sua esposa – por temer a ira e a exaltação de El-Rei D. Afonso, seu pai –, todavia, no que diz respeito à sinceridade do seu amor e estima que lhe tributou em vida e sobretudo agora depois de morta, com a notável imponência da sua sepultura, manifestou hoje claramente a todos os súbditos do seu Reino que ela havia sido sua consorte.

Bem sabeis que assim é por direito, porque, quando a esposa não escolhe sepultura, pertence ao marido escolhê-la por ela e mandar celebrar as suas exéquias. É por isso que a referida D. Inês, que em sentido literal se chama Sara, isto é, princesa e esposa d'El-Rei, que era então Infante e Príncipe, detentor do estatuto de Príncipe herdeiro e do primado da linha sucessória logo após El-Rei, não escolheu sepultura por ter sido surpreendida pela morte. Foi com dignidade que El-Rei, seu marido, escolheu sepultura por ela e, como hoje se vê, mandou celebrar as suas exéquias, as quais, como podeis constatar, são de tal magnificência e solenidade que se pode dizer que, no que concerne à sua imponência, foram as primeiras em nobreza e magnificência que a alguma pessoa deste Reino até agora foram realizadas.

É nosso dever e dos nossos sucessores que o ofício fúnebre seja relatado para a posteridade, enunciando as palavras do já referido tema "Abraão sepultou Sara, sua esposa", como indicado anteriormente. Nestas palavras há três breves ideias a ter em consideração:

um ofício fúnebre de grande piedade, porque a sepultou;
um trono de poder exímio, por se tratar de Abraão;
um consórcio de uma comunhão legítima, por ser sua esposa.

⁴⁸ Officium magne pietatis innuit executio tumulationis cum
⁴⁹ dicitur "Sepeliuit". Nostis enim quod mortuum sepelire est officium
⁵⁰ compassionis et magne pietatis et cum "lacrimarum fonte" est
⁵¹ exequendum, unde Ecclesiastici XXXVIII°: *in mortuum produc*
⁵² *lacrimas et quasi dira passus incipe plorare.*

⁵³ Fastigium eximie potestatis astruit prelatio sublimationis cum
⁵⁴ dominus Rex dicitur Abraam, nam dictum est: *Abraam, faciam te*
⁵⁵ *crescere in gentem* magnam *regesque ex te egredientur* et *omnem*
⁵⁶ *quam conspicis terram dabo tibi et portas inimicorum suorum*
⁵⁷ *possidebit semen tuum* (Gen. XVIII°).

⁵⁸ Consorcium legitime societatis indicit copulatio adunationis, cum
⁵⁹ dicit Saram uxorem suam, hoc est, Dominam Agnetem, Principissam
⁶⁰ mostram, quam dominus Rex in tantum sibi copulauit quod facti
⁶¹ || sunt una caro (Gen. II°). Propter hanc *relinquet homo patrem* f. 211v
⁶² *et matrem et adherebit uxori sue et erunt duo in carne una*

⁶³ Dicebam igitur, primo quod premitit, officium magne pietatis cum
⁶⁴ dicit "sepeliuit". Certe in tantum officium sepulture deffunctorum
⁶⁵ est pium et religiosum et priuilegiatum officium quod, secundum
⁶⁶ iura, etiam hereditate existente non soluendo expensas, sepultare
⁶⁷ deffuncti debet detrahi ante omne es alienum, nec sepultura debet
⁶⁸ inpediri propter debitum deffuncti nec propter heredis, <alias
⁶⁹ defuncti>, excommunicationem inpediri; ymmo, quod plus est
⁷⁰ simplex, sacerdos potest, in mortis articulo, excommunicatum pro

Quod expenssa sepulture defuncti detrahitur autem omne es alienum

---

51-52 in mortuum – plorare] *Sir* 38.16   **54-55** faciam – egredientur] *Gen* 17.6
55-56 omnem – tibi] *Gen* 13.15   **56-57** portas – tuum] *Gen* 22.17   **61** sunt –
caro] cfr *Gen* 2.23; *Mt* 19.6   **61-62** relinquet – una] *Gen* 2.24.

55 regesque] Reges qui *P*   egredientur] agredientur *P*   **56** conspicis] cospicis *A*
58 adunationis] admiationis *P*   **63** Quod – alienum] *in margine alia posteriorique*
manu additum   **65-66** secundum iura] serui iura *P*   **66** soluendo] saluendo *P*
67 ante] autem *P*   **68** inpediri] impediri *A*   **68-69** alias defuncti] *add. in margine*
alia posteriorique manu

O "ofício fúnebre de grande piedade" representa o acto da tumulação quando se diz "sepultou". Bem sabeis que sepultar os mortos é uma obra de misericórdia e de grande piedade, e deve ser acompanhada de uma "fonte de lágrimas"· Daí o Eclesiático (cap. 38): "derrama lágrimas sobre o morto, e chora como um homem que sofreu um terrível golpe".

Ao "trono de poder exímio" acresce a autoridade soberana da sua ascensão ao trono, quando El-Rei é apelidado de Abraão, pois está escrito: "Abraão, farei que de ti cresça um grande povo e terás reis por descendentes; dar-te-ei toda a terra que a tua vista alcança e a tua descendência apoderar-se-á das cidades dos seus inimigos" (Gen 18).

Um "consórcio de uma comunhão legítima" significa uma união matrimonial, ao dizer-se "Sara, sua esposa", isto é, D. Inês, nossa Princesa, que El-Rei uniu a si de tal forma que "se tornaram numa só carne" (Gen 2). Por esse motivo, o homem deixará pai e mãe, unir-se-á à sua mulher e os dois serão uma só carne.

Dizia eu, então, no primeiro ponto que se apresentou, que se trata de um "ofício fúnebre de grande piedade" quando se diz "sepultou". O acto de sepultar os mortos é, por certo, uma obra de tal forma piedosa, religiosa e privilegiada que, segundo as normas legais, mesmo quando a herança existente não chegar para liquidar as despesas, o funeral do defunto deve ser subtraído antes de todas as outras verbas em dívida; e o funeral não deve ser impedido nem por causa do débito do defunto, nem por excomunhão do herdeiro

Porque é que a despesa da sepultura é subtraída antes de todas as outras verbas observa em várias terras

71 manifestis exessibus absoluere et ipsum deffunctum facere sepeliri.

72 Et ideo scribitur (Mth. VIII°): *dimittite mortuos sepelire.*

73 Istud nempe officium sepeliendi mortuos est ita pium et
74 caritatiuum quod ab inicio mundi tam a Sanctis Patribus quam a
75 Patribus Noue Legis fuit cedulo obseruatum aliter tum et aliter.

76 Nam gentiles deffunctorum corpora comburebant ne
77 corrumperentur ipsorum cineres conseruando. Alii, ut Yrcani,
78 deffunctorum corpora comedebant, ne uermibus consumerentur,
79 ipsorum esse in se ipsos conservando. Sed postea tam synagoga
80 quam ecclesia propter inhumanitatem ab istis abstinuit et,
81 deffunctorum corpora terre condendo, ecclesiastice tradit
82 sepulture. Et hoc fuit propter similitudinem quamdam et spem
83 future Resurrexionis. Videtur namque quod granum frumenti in
84 terra absconditur et sepelitur et sic moritur et putrefit, ut postea
85 solis uirtute reuiuiscat et nascatur. Et sic ad litteram corpora
86 nostra in terra sepeliuntur et absconduntur ut putrescant et *in*
87 *terram de qua sumpta sunt conuertantur* sicut scribitur (Gen. III°),
88 et tandem, sic mortua et in terram reducta, in *resurrexione in*
89 *nouissimo die* uel ad penam uel gloriam *resurgant* et reuiuiscant
90 sicut scribitur (Ioh. XI°)·

De diuersita sepulture que in diuersis partibus obseruat

91 Iuxta quod est sciendum quod in sacra scriptura reperio triplicem
92 sepulturam. Est enim quedam sepultura

Quod es triplex sepultur

---

72 dimitte – sepelire] *Mt* 8.22.   **77-78** Yrcani – comedebant] cfr Petrus Berchorius, *Repertorium Morale*, s.u. Sepelire.Sepultura: Hircani uero ipsa [corpora], ne putrefiant, comedunt et consumunt   **83-84** granum – moritur] cfr *Jo* 12.24   **86-87** in terram – conuertantur] *Gen* 3.19.   **88-89** in resurrexione – resurgant] *Jo* 11.24.

---

71 exessibus] excessibus *A*   **76** De diuersitate – obseruatur] *in margine alia posteriorique manu additum*   **91** Quod – sepultura] *in margine a manu posteriori additum* (aliás, do defunto). Muito pelo contrário, o que é ainda mais simples, em caso de iminência de morte, o sacerdote pode absolver quem foi excomungado por transgressões evidentes e mandar sepultar o defunto. Por isso, está escrito (Mt 8): "deixai sepultar os mortos".

Esta obra de sepultar os mortos é, com efeito, tão piedosa e caritativa que foi rigorosamente observada desde o início do mundo, tanto pelos Santos Padres, como pelos Padres da Nova Lei, numa e noutra época, de maneiras diferentes.

É que os gentios queimavam os corpos dos defuntos, para não se corromperem, e conservavam as suas cinzas. Outros, como os Hircanianos, comiam os corpos dos defuntos, para não serem consumidos pelos vermes, conservando, assim, os seus seres dentro de si. Mas depois, tanto a sinagoga, como a igreja se abstiveram desses procedimentos por os considerarem desumanos e, ao confiarem os corpos dos mortos à terra, passaram a conceder-lhes um enterro religioso. E isto aconteceu por causa de uma certa similitude e esperança na futura Ressurreição. Parece, com efeito, que o grão de trigo é oculto e sepultado na terra, e assim morre e apodrece, para, depois, com a força do Sol, renascer para a vida. Também assim os nossos corpos são literalmente sepultados na terra e ficam ocultos, para que se decomponham e "voltem à terra de onde foram tirados", tal como está escrito (Gen 3), de modo a que finalmente, assim mortos e reduzidos à terra, ressuscitem na ressurreição do último dia e voltem à vida, seja para condenação, seja para a glória, como está escrito (Jo 11).

Relativamente a isto, convém saber que encontro na Sagrada Escritura uma sepultura tríplice. É que há uma sepultura

Da diversidade de sepulturas que se observa em várias terras

O que é uma sepultura tríplice

93	I. uirtualis	in	morum uellere
94	II. corporalis	in	terre puluere
95	III. eternalis	in	polorum ethere

I

⁹⁶ Dico igitur primo quod est quedam sepultura moralis siue uirtualis
⁹⁷ que fit per humilitatem; unde quilibet uir perfectus et uirtuosus
⁹⁸ debet se in hoc mundo abscondere et sepelire per profundam
⁹⁹ humilitatem. De ista loquitur sapiens Ecclesiastici (XLIII°): *corpora*
¹⁰⁰ sanctorum *in pace sepulta sunt* et uiuent nomina eorum in eternum.
¹⁰¹ Nam sicut deffunctus

¹⁰² sudario inuoluitur,
¹⁰³ in loco ornato componitur,
¹⁰⁴ ad foueam cantu conducitur,
¹⁰⁵ in terram funditus inducitur,

¹⁰⁶ ita quilibet nostrum qui desiderat mori mundo et uiuere Christo
¹⁰⁷ debet se inoluere in sudario munde conuersationis et tunc similis erit
¹⁰⁸ Christo, qui, mortuus, *inuolutus* fuit *in syndone munda* (Luce XXII).

91-95 quod in sacra – ethere] cfr Petrus Berchorius, *Repertorium Morale*, s.u. Sepelire. Sepultura: quod boni tripliciter sunt sepulti, uidelicet: / Corporaliter in terrae puluere, / Spiritualiter in morum uellere, / Aeternaliter in caeli littore 96 Dico – sepultura] Petrus Berchorius, *Repertorium Morale*, s.u. Sepelire.Sepultura 98-99 debet – humilitatem] cfr Petrus Berchorius, *Repertorium Morale*, s.u. Sepelire. Sepultura: ...debet esse per humilitatem sepultus et in seipso reconditus et absconsus 99-100 Corpora – eternum] *Sir* 44.14   inuolutus – munda] *Mt* 27.59.

---

98 debet] dicitur *P*   99 ista] cota *A*   104 cantu] cautu *A*   107 conuersationis] conseruationis *A*

I. virtual, na estamenha dos bons costumes;

II. corporal, no pó da terra;

III. eternal, no éter dos céus.

I

Digo, então, em primeiro lugar que há uma sepultura moral ou virtual que se forma pela humildade; por isso, qualquer homem perfeito e virtuoso deve ocultar-se e sepultar-se neste mundo por força de uma humildade profunda. Desta nos fala o sábio do Eclesiástico (43): "os corpos dos santos foram sepultados em paz, e os seus nomes vivem para sempre".

Na verdade, tal como o defunto
    é envolto num sudário,
    é colocado num local embelezado,
    é conduzido em cânticos até à cova,
    é introduzido bem fundo na terra,

também assim qualquer de nós que deseja morrer para o mundo e viver para Cristo se deve deixar envolver no sudário da pureza de uma profissão religiosa e será, então, semelhante a Cristo, que, após a morte, foi envolto "num lençol limpo" (Lc 22).

¹⁰⁹ In super debet se in loco ornato moribus et uirtutibus componere
¹¹⁰ et per delectationem acubare dicendo illud (Can. V°): *lectulus noster*
¹¹¹ *floridus ... laquearia nostra cipressina* etc.

¹¹² Debet ad foueam mortis deduci, mortem contemplando cum
¹¹³ cantu lacrimose aclamationis et deplorationis ad Deum signatus
¹¹⁴ per illum Iosiam Regem Iuda, qui sepeliendus *in mauseolo patrum*
¹¹⁵ *suorum* deducebatur ad sepulturam et *cantores replicabant super*
¹¹⁶ *eum lamentationes* (Secundi Paralipomen XXXV°).

¹¹⁷ In super debet in terram funditus induci se ipsum humiliando,
¹¹⁸ mortem contemplando, uitam suam prauam et miseram considerando,
¹¹⁹ quid sit et unde ueniat et quo tendat || preuidendo et tunc se   f. 212
¹²⁰ profundabit in terram et cinerem, sicut ad litteram est, se intuendo.

¹²¹ Vnde Bernardus Meditationum suarum capitulo XV°: *tu, homo*
¹²² *cum sis*, quare te ipsum considerando non humiliaris? Concidera
¹²³ inquam homo unde factus sis et quid facis et ad quid factus sis
¹²⁴ et ingemesse, quo tendis et contremesse. Concidera teipsum, o
¹²⁵ homo, cum conceptus est culpa, nasci miseria, cum uita angustia,
¹²⁶ cum mori pena, quid enim aliud es tu homo quam sperma fetidum,
¹²⁷ sacus stercorum et cibus uermium?

110-111 lectulus – cipressina] *Ct* 1.16-17   **114-115** in mauseolo – suorum] *2Par* 35.24   **115-116** cantores – lamentationes] *2Par* 35.25   **121-122** tu – sis] *Jo* 10.33 **122-124** Concidera – contremesse] cfr Bernardus, Sermo de diuersis, Sermo XII, De primordiis, mediis, et nouissimis, in illud Ecclesiastici, VII, 40 «Memorare nouissima tua», etc. (PL 183, col. 571 A); cfr etiam Ps. Bernardus, *Meditationes piissimae de cognitione humanae conditionis*, 3, 7 (PL 184, col. 490A)   **125-126** conceptus – pena] cfr Ps. Bernardus, *Meditationes piissimae de cognitione humanae conditionis*, 3, 7 (PL 184, col. 490B): Quid superbis, puluis et cinis, cuius conceptus culpa, nasci miseria, uiuere pena, mori angustia?   **126-127** aliud – uermium] Ps. Bernardus, *Meditationes piissimae de cognitione humanae conditionis*, 3, 7 (PL 184, col. 490A).

---

111 cipressina] ciprissiua *A*   **119** preuidendo] prouidendo *P*.   **121** Vnde] *in margine a manu posteriori ante additum*: De consideratione proprie uilitatis   **122** Concidera] Considera *A*   **124** contremesse] intremesse *cod*, <con>tremesse *supra lineam alia manu additum*   teipsum] et ipsum *A* **125** cum¹] cur *P*   cum²] cur *P*   **126** cum] cur *P*

Além disso, deve colocar-se num local embelezado pelos bons costumes e virtudes e deitar-se por deleite dizendo o que está em Ct 5: "o nosso leito está coberto de flores ... o nosso tecto são ciprestes", etc.

Deve ser levado até à cova da morte, contemplando a morte com um canto de lacrimosa lamentação e aclamação a Deus, composto para Josias, Rei de Judá, que era levado até à sepultura "para ser sepultado no *mausoléu* de seus pais" e "os cantores repetiam as lamentações" que lhe haviam sido dedicadas (2Par 35).

Além disso, deve ser introduzido bem fundo na terra, humilhando-se a si próprio, contemplando a morte, examinando a sua má e miserável vida, indagando quem é, donde vem e para onde vai, e então ficará entregue à terra, vendo-se como que literalmente transformado em cinza.

(Do exame do menosprezo de si próprio)

Daí que Bernardo, no cap. 15 das suas *Meditações*, diga:

Porque é que tu, sendo homem, não te humilhas atendendo à tua própria condição?

Deixa-me dizer-te: examina, homem, donde é que foste feito, o que fazes, para que é que foste feito e geme; vê bem para onde vais e estremece.

Analisa-te a ti próprio, ó homem: quando a tua concepção é pecado, o nascimento é aflição, a vida é sofrimento, a morte é castigo, então, que outra coisa és tu, homem, senão esperma fétido, saco de esterco e alimento de vermes?

¹²⁸ Nam si concideres quid per nares occulos et ceteros corporis
¹²⁹ meatus emitas, uilius sterquillinium nusquam uidisti. Igitur humilia
¹³⁰ te pre ceteris creaturis.

¹³¹ Hoc ille. Istud est contra multos nostrum hodie, qui nolumus per
¹³² humilitatem nosmet ipsos contemplando sepelire neque nostra opera
¹³³ abscondere, sed per ypocrisim et excellentiam ante conspectum
¹³⁴ hominum insepulti remanere. Et hoc est quod dicit propheta Ieremias
¹³⁵ (VIII°): "non colligentur nec sepelientur sed quasi sterquillinium
¹³⁶ super faciem terre erunt".

¹³⁷ Vere in talibus uerificatur quod dicitur de quadam bestia, que uocatur
¹³⁸ yrena. Dicunt enim naturales quod hyrena sepultorum corpora nititur
¹³⁹ dissepelire et postea deuorare. Ista bestia est diabolus, qui, quando
¹⁴⁰ uidet corpora nostra per humilitatem profundata et in terra mortalis
¹⁴¹ contemplationis sepulta, ipsa nititur dissepelire et in publicum per
¹⁴² inanem gloriam et extollentiam producere, et postea nos eternaliter
¹⁴³ deuorat et consumit. Et hoc est quod propheta loquens de ista bestia
¹⁴⁴ atestatur (Ieremias VIII°): *Eicies corpora eorum qui habitauerunt in*
¹⁴⁵ *Iherusalem de sepulcris suis et expandet ea ante solem*, uidelicet humane
¹⁴⁶ adulationis, *et ante lunam*, supernorum infrigidationis.

128-129 si concideres – uidisti] Ps. Bernardus, *Meditationes piissimae de cognitione humanae conditionis*, 3, 7 (PL 184, col. 489D) **131-134** qui – remanere] cfr Petrus Berchorius, *Repertorium Morale*, s.u. Sepelire.Sepultura: ... sed magis sine sepultura ante conspectum hominum dimittuntur, sicut sunt hypocrytae, qui magis uolunt uideri, quam a conspecto hominum sepeliri **135-136** non – erunt] Jr 8.2 **137-143** bestia – consumit] cfr Petrus Berchorius, *Repertorium Morale*, s.u. Sepelire.Sepultura: Hiaena bestia est horribilis, quae in sepelitione corporum delectatur hominesque de sepulchris extractos deuorare, secundum Plinium, combrobatur. Sic uere diabolus tales de sepulchris religionis, humilitatis, absconsionis uel etiam considerationis per inanem gloriam uel apostasiam extrahit et eos per diuersa peccata deuorat et consumi **144-146** Eicies – lunam] Jer 8.1-2.

130 pre ceteris] preceteris *P* **131** Hoc] hec *A* est] om. *P* **133** ante] autem *P* conspectum corr.] cospectum cod. **134** hominum] homini *P* Ieremias] Ieremia *P* **137** bestia] uestia *P* **139** quando] qum *P* **144** Ieremias] Ieremia *P* **145** uidelicet] uide *P* **146** supernorum] superuorum *A*

É que, se analisares o que deixas sair do nariz, dos olhos e dos outros orifícios do corpo, em mais nenhum lugar viste monte de esterco mais desprezível! Por isso, humilha-te diante das outras criaturas. Isto diz ele. E isso, nos dias de hoje, joga contra muitos de nós, que não nos queremos deixar sepultar pela humildade, contemplando-nos a nós próprios, nem queremos ocultar as nossas obras, mas preferimos permanecer insepultos pela hipocrisia e grandeza aos olhos da sociedade. E é disto que o profeta Jeremias fala (Jer 8): "não serão recolhidos, nem sepultados; permanecerão como esterco à superfície da terra".

Na verdade, verifica-se nestas afirmações o que se diz de um animal feroz, que se chama hiena. É que os nativos dizem que a hiena procura desenterrar os corpos sepultados, para depois os devorar. Este animal é o diabo, que, quando vê os nossos corpos soterrados pela humildade e sepultados na terra da contemplação mortal, procura desenterrá-los e exibi-los em público por orgulho e vanglória, e, em seguida, destrói-nos e mata-nos para toda a eternidade. É isto o que o profeta confirma ao falar desse animal (Jer 8): "Retirarás dos seus sepulcros os ossos dos habitantes de Jerusalém e hás-de expô-los ao Sol" (a saber, o Sol da adulação humana) "e à Lua" (a frieza dos céus).

¹⁴⁷ O Deus, si concideres statum et conditionem Domine Agnetis,
¹⁴⁸ quondam Infantisse, certe reperies quod quamuis esset mulier uirtuosa
¹⁴⁹ quamuis esset mulier generosa, quamuis esset mulier cunctis gentibus
¹⁵⁰ gratiosa, quamuis esset tanto principi desponsata, quamuis esset tot
¹⁵¹ et talibus filiis fecundata, semper tamen fuit per humilitatem sepulta
¹⁵² et quantum ad opera sua bona absconsa se ipsam terram et mortalem
¹⁵³ considerando, mundi gloriam declinando, ymmo se uxorem tanti
¹⁵⁴ principis quod est contra genus mulierum abscondendo et ancillam
¹⁵⁵ confitendo, ut de ipsa dicamus quod *sepulta fuit Delbora ad radices*
¹⁵⁶ *montis Betel* (Gen. XXX° quinto). Ipsa Domina Agnes, altera Delbora
¹⁵⁷ eloquens et facundissima, sepulta fuit in hoc mundo ad radices montis
¹⁵⁸ Betel, que dicitur domus Dei, per profundam humilitatem.

II

¹⁵⁹ Secunda sepultura, quam in sacra scriptura reperio, est sepultura
¹⁶⁰ corporalis, ut est dictum, in terre puluere, et ista uocatur dormitio
¹⁶¹ siue requiessio et pro tanto de Salomone scribitur (tercii Reg. XI°):
¹⁶² quod *dormiuit Salomon cum patribus suis et sepultus est in Ciuitate*
¹⁶³ *Dauid patris sui* et Psalmus *sicut uulnerati dormientes in sepulcris*
¹⁶⁴ *quorum non est memor amplius* etc. (Ps. LXXVI).
¹⁶⁵ Et ista talis sepultura istius domine, ut uidetur, sollempnissima
¹⁶⁶ exibetur et licet ista sepultura, quamuis sit sollempnis et sumptuosa
¹⁶⁷ et parum aut nichil proficiat defunctis, tamen permissa est

Quod
sepulture
sollempni
tas nichil
proficit
defuncto.
Hoc est
solacium
uiuorum

---

156 sepulta – Betel] *Gen* 35.8   **162-163** dormiuit – sui] *1Rg* 11.43   **163-164** sicut – amplius] *Ps* 88 (87).6

148 Infantissam] *in margine*, Infantulam *deletum*   quamuis] quanuis *P*
151 tamen] tunc *P*   **156** quinto] quanto *P*   **160** ista] cista *A*   **161** pro] per *P*
162 dormiuit] domiuit *A*   Salomon *A*] Salamon *cod*   **163** Psalmus] psalmi *P*
165 Quod – uiuorum] *in margine alia posteriorique manu additum*   uidetur]
uidetis *P*   **166** quamuis] quanuis *P*   **167** tamen] tum *P*

Ó Deus, se atenderes ao estatuto e condição da outrora Infanta D. Inês, descobrirás certamente que, embora fosse uma mulher virtuosa, embora fosse uma mulher generosa, embora fosse uma mulher amável para toda a gente, embora fosse casada com tão grande príncipe, embora tivesse sido fecunda em tantos e tais filhos, todavia sempre se deixou sepultar pela humildade e, no que diz respeito às suas boas obras, ficou oculta na terra; e é por se considerar mortal, por declinar a glória do mundo e seguramente por ocultar que era esposa de tão grande príncipe, atitude que vai contra a maneira de ser das mulheres, e por se comportar como serviçal, que bem podemos dizer dela que "Débora foi sepultada no sopé do monte Betel" (Gen 35). D. Inês, qual outra Débora, eloquente e extremamente facunda, foi sepultada neste mundo no sopé do monte Betel, que quer dizer 'casa de Deus', por força da sua profunda humildade.

II

A segunda sepultura, que encontro na Sagrada Escritura, é a sepultura corporal, como ficou dito, no pó da terra, e a esta se dá o nome de dormição ou repouso; e por isso está escrito acerca de Salomão (3Rg 11) que, "Salomão adormeceu, juntando-se a seus pais, e foi sepultado na cidade de David, seu pai"; e diz o Salmo "como os defuntos que dormem no sepulcro, de quem Tu já não estás mais lembrado" etc. (Ps 76).

Ora, é-nos apresentada uma tal sepultura, a desta Senhora, como se vê, muito imponente e, ainda que esta sepultura, apesar de imponente e sumptuosa, de pouco ou nada sirva aos defuntos, Porque é que a imponência da sepultura de nada serve ao defunto e é uma consolação para os vivos

¹⁶⁸ ad solacium parentum uiuorum. Vnde Augustinus, *Libro De*
¹⁶⁹ *Consolatione Defunctorum*, capitulo quarto, funeris pompa et
¹⁷⁰ magna exequiarum sollempnitas et monimentorum preciosa   f. 212
¹⁷¹ constructio | | uiuorum sunt qualiacumque solacia non adiutoria
¹⁷² deffunctorum. Et ista talis sepultura est concideranda a nobis
¹⁷³ uiuentibus, propter duo:

¹⁷⁴   • Primo, ad comunis casus naufragium meditandum. Debemus,
¹⁷⁵   enim, quando uidemus alios sepelire, meditari nosmet
¹⁷⁶   ipsos et ignoramus quando ad similem casum habemus
¹⁷⁷   necessario deuenire; unde propheta *quis est qui uiuet et*
¹⁷⁸   *non uidebit mortem?* Quasi dicas: nullus (Ps. LXXXVIII). Hic
¹⁷⁹   narra exemplum filii heredis diuitis mercatoris cum morte
¹⁸⁰   componere uolentis. Ergo *memor esto qui non tardat* nec
¹⁸¹   impeditur uenire *mors* (Ecclesiastici XIIII°).
¹⁸²   • Secundo est sepultura deffunctorum consideranda et
¹⁸³   contemplanda a nobis ad mundane glorie dispendium
¹⁸⁴   detestandum, unde in sepulturis defunctorum potes uidere
¹⁸⁵   quod nulla nobilitas, nulla sublimitas, nulla potestas, nulla
¹⁸⁶   sapiencia, nulla astutia, nulla pulcritudo, nulla fortitudo, nulle
¹⁸⁷   diuicie, nulle excellencie possunt nos a morte liberare, quin
¹⁸⁸   omnes mori habeamus et sepeliri.

¹⁸⁹   Et omnia ista percurrens dicebat Prosper *Libro Meditationum*:

169-172 funeris – defunctorum] cfr Augustinus, *De Cura Pro Mortuis Gerenda*, 4
177-178 quis – mortem] *Ps* 89 (88).49   180 memor – tardat] *Sir* 14.12

---

169 funeris] facimus *P*   175 quando] qum *P*   186 nulle] nulla *A*
187 nulle] nulla *A*   187 excellencie] excelencie *P* excellencia *A*   188 mori]
mors *P*   189 percurrens] percurens *cod.*   Meditationum] medita sua *cod.*

é, todavia, lícita para consolação dos parentes vivos. Daí Agostinho, no capítulo 4º do livro *Da Consolação dos Mortos*: as pompas fúnebres, a solenidade das exéquias e a dispendiosa construção de túmulos servem apenas de consolação para os vivos e não de ajuda para os mortos. E é nessa perspectiva que esta sepultura deve ser vista por nós, que estamos vivos, por dois motivos:

- Em primeiro lugar, para meditarmos no infortúnio de uma perda comum. Com efeito, devemos meditar com nós próprios, quando vemos que outros vão a sepultar e ignoramos quando é que chegamos a uma situação idêntica, que temos por inevitável. Daí a pergunta do profeta: "quem é que poderá viver sem ver a morte?" Bem poderemos responder: ninguém (Ps 88). Convém aqui relembrar o exemplo do filho herdeiro de um rico comerciante que deseja definir as disposições a serem tomadas por ocasião da sua morte. Por isso, "lembra-te de que a morte não tarda" e que a sua vinda não pode ser evitada (Eclesiástico 14).
- Em segundo lugar, devemos observar e contemplar a sepultura dos defuntos para testemunharmos o desmoronamento da glória mundana, pelo que, nas sepulturas dos defuntos, pode ver-se que não há nobreza, não há títulos honoríficos, não há poder, não há sabedoria, não há astúcia, não há beleza, não há força, não há riquezas, não há grandezas que nos possam libertar da morte sem que todos tenhamos de morrer e ser sepultados.

E ao expor tudo isto, dizia Próspero no seu livro das *Meditações*:

190 De diuiciis et maiori nobilitate te iactas! De potenciis et
191 honoribus, qui tibi ab hominibus exibentur, te exaltas! Circumspice
192 eos qui ante te similibus fulgere splendoribus. Vbi sunt? Vbi
193 inquam sunt quos ambiebant ciuium potentatus? Vbi qui conuentus
194 <et> festa disponebant? Vbi equorum splendidi nutritores? Vbi
195 principes? Vbi satrape? Vbi tyranni? Vbi insuperabiles oratores?
196 Vbi exercituum duces?

197 Vere omnia puluis et cinis! Et in paucis uersibus eorum uite
198 memoria est. Vide illorum sepulcra et dicerne, si potes, quis diues,
199 quis pauper, quis dominus, quis seruus. Adhuc dicerne, si potes,
200 uinctum a rege, fortem a debili, pulcrum a deformi.

201 Hec illa ut merito dicatur cuilibet nostrum ne *despicias sepulturam*
202 *deffunctorum* (Ecclesiastici XXXVIII°).

III

203 Tercia dico et ultima sepultura est sepultura eternalis in
204 polorum ethere et ista est sepultura saluatorum qui in eterna gloria
205 et in altissimis eternaliter sepeliuntur. Et sicut sepulti a nostris
206 aspectibus absconduntur·de tali sepultura dictum est (Ecclesiastici
207 XLIIII°) *corpora sanctorum in pace sepulta sunt et uiuent*
208 *nomina* etc. Et de Samuele scribitur (primi Regum XXV°) quod

---

190-200 De diuiciis – deformi] Sancti Prosperi Aquitani, *Liber Sententiarum*, 392
201 ne despicias sepulturam] *Sir* 38.16   **207-208** corpora – nomina] *Sir* 44.14

193-194 conuentus et] *conieci,* conueniencius *cod. A P.*   **197** uersibus]
uercibus *P*   **197- 198** uite memoria] uita memorie *P.*   **198** Qualiter – contemplari]
in margine alia posteriorique manu additum   **199** dicerne] dicere *P*   **201** Hec illa]
conieci, Hec ille *cod. A P.*   dicatur] dicitur *cod. P.*   **204** saluatorum] saluatoris *P*
205 eternaliter] eternali *P*   **206** absconduntur] abscondunt *P*

"Fazes grande alarde das tuas riquezas e da tua maior nobreza! Ficas embevecido com as honras e os poderes que te são dispensados pelos homens! Observa os que antes de ti refulgiram com idênticos resplendores! Onde estão? Onde estão, pergunto, os que disputavam os cargos políticos? Onde estão os que organizavam festas e convívios? Onde estão os criadores de esplêndidos cavalos? Onde estão os príncipes? Onde estão os sátrapas? Onde estão os tiranos? Onde estão os oradores insuperáveis? Onde estão os chefes dos exércitos? Na verdade, tudo é pó e cinza, e da memória da sua vida não restam senão uns poucos de versos·

Observa os seus sepulcros e vê se consegues distinguir qual é o rico e qual é o pobre, qual é o senhor e qual é o servo. Vê ainda se consegues distinguir o súbdito do rei, o forte do fraco, o belo do feio".

Como e com que finalidade devemos nós contemplar as sepulturas e os sepulcros dos defuntos

E tudo isto para que cada um de nós seja devidamente advertido de "não desprezar a sepultura dos defuntos" (Sir 38).

III

A terceira e última sepultura, como digo, é a sepultura eternal, no éter dos céus e esta é a sepultura dos bem-aventurados, que são sepultados na glória eterna e no mais alto dos céus para a eternidade. E, como os que foram sepultados se encontram ocultos ao nosso olhar[1], de tal sepultura se disse (Sir 44) que: "os corpos dos santos foram sepultados em paz, e o seu nome vive" etc.[2]. E sobre

---

[1] Como ignoramos o que se passa para lá da morte, o autor socorre-se dos textos sagrados para fundamentar o seu argumento.

[2] A citação completa subentendida neste "etc." é a seguinte (Sir 44.14-15): "Os seus corpos foram sepultados em paz e o seu nome vive de geração em geração; os povos proclamarão a sua sabedoria e a assembleia cantará os seus louvores".

209 sepultus est in Ramata, hoc est, "in exelsis". Certe ista sepultura est
210 multum apetenda propter duo:

211 • Primum quia sepulti in tali sepultura nunquam dolent, nunquam
212 tristantur, ymmo *gaudent uehementer* cum inuenierint tale
213 sepulcrum (Iob XII°).

214 • Secundum quia corpora sepulta in ista sepultura Paradisi
215 nunquam putrescunt nec corumpuntur ymmo sicut dicitur de
216 quadam insula ybernie in qua corpora sepultorum nunquam
217 putrescunt, ita in illa benedicta sepultura nunquam corpora nostra
218 marcessent aut corumpentur. Et hoc est quod scribitur (Actuum
219 secundo) quia non *dabis sanctum tuum uidere coruptionem.*

220 Certe in ista sepultura pie credendum est – et ita uelit Deus –
221 quod sit sepulta ista Domina Infantissa, cum bene et pie et iuste
222 ipsam in hoc mundo uixisse nobis per dignos fide fuerit informatio
223 facta et ultra hoc, si in aliquo Deum in hoc mundo offendit, bene
224 egerit penitentiam in hoc mundo mortem temporalem sustinendo et
225 sic cum finem dierum suorum preuideret pie opinandum est ipsam
226 talem ac tantam habuisse contricionem quod eius anima – et ita
227 placeat Deo – sit sepulta in paradiso ut de ipsa concludendo dicere
228 ualeamus illud Iudit XV° scriptum:

---

209 sepultus – Ramata] cfr *1Rg* 25.1   **212-213** gaudent – sepulcrum] – *Jb*
3.22   insula – putrescunt] cfr Petrus Berchorius, *Repertorium Morale*, s.u. Sepelire.
Sepultura: Nota quod in Hibernia dicitur esse quaedam insula ubi sepulta corpora
non putrescunt, signans Paradisum ubi si homo post iudicium sepelitur, nunquam
perpetuo corrumpetur; cfr etiam Giraldus Cambrensis, *Topographia Hibernica*, 2.6: De
insula, ubi hominum corpora sub diuo posita non putrescunt. (...) In hac hominum
corpora nec humantur, nec putrescunt. Sed, sub diuo posita et exposita, permanent
incorrupta.   **219** non dabis – corruptionem] *Act* 2.27, cfr *Ps* 15.10

---

209 exelsis] excelsis *P*   **211** dolent] delent *A*   **212** inuenierint] inueniunt *P*
214 Secundum quia] seruique *P*   **215** corumpuntur] corrumpuntur *P*
218 corumpentur] corrumpentur *P*   **219** coruptionem] corruptionem *A*
222 fuerit] fuerat *A*   **223** Deum] denuo *P*   **228** Iudit] iudic *P*

Samuel está escrito (1Rg 25) que foi sepultado em Ramá, isto é, 'nas alturas'[3].

Esta sepultura é seguramente muito apetecida por dois motivos:

- Em primeiro lugar, porque os que estão sepultados em tal sepultura nunca sofrem, nunca estão tristes, muito pelo contrário, regozijam-se vivamente ao encontrar semelhante sepulcro (Job 12).
- Em segundo lugar, porque os corpos sepultados nesta sepultura do Paraíso nunca apodrecem, nem se corrompem. Sim, tal como se diz de uma certa ilha da Irlanda, na qual os corpos nunca apodrecem, também nessa bendita sepultura os nossos corpos jamais hão-de conhecer a decadência ou a decomposição. E é isso que está escrito (Act 2): que "não permitirás que o teu Santo conheça a decomposição".

Devemos segura e piamente acreditar que esta Senhora Infanta há-de estar sepultada – assim Deus o queira – nesta sepultura, uma vez que nos terão feito chegar informação fidedigna de que ela levou, neste mundo, uma vida boa, piedosa e justa. E, além disso, se ela, neste mundo, ofendeu a Deus em alguma coisa, bem terá feito penitência neste mundo ao enfrentar a morte terrena. Temos, assim, razões para crer que ela, ao prever o fim dos seus dias, teve tal e tão grande contrição que a sua alma – assim praza a Deus – está sepultada no Paraíso, para que possamos dizer dela, para concluir, o que está escrito em *Judite* 15: 2.

---

[3] A etimologia registada ao longo da Idade Média é mesmo essa: *excelsa.* Assim é em S. Jerónimo, *De nominibus Hebraicis* (PL 23, col. 800, 801, 841, etc.): *Rama excelsa,* interpretação que comentários bíblicos de séculos posteriores retomam: "Excelsus uel sublimis aut proiecta. Depois de S. Jerónimo, a quem remontam os autores de etimologias, encontramo-la nas principais obras enciclopédicas, que a difundiram (cf. o *Catholicon* de J. Balbo, por exemplo: "Rama interpretatur 'excelsa'...").

229   Iudit, que dicitur confitens, deffuncta est et sepulta || in Betulia,   f. 213

230 que dicitur 'domus sublimis', nam ista domina Agnes, uidens mortem

231 suam et sic Domino confitens et condolens reatus suos, mortua est

232 et sepulta, nostra pia opinione, in Betulia, hoc est, domo sublimi

233 Paradisi, in qua nos et ipsam sepeliri eternaliter faciat ipse Dei

234 filius per cuncta secula benedictus.

235   A M E N

---

229 confitens] *Jdt* 15.14

---

229 Iudit] iudic *P*   **230** sublimis] solemnis *P*   **232** sublimi] solemni *P*
233 paradisi] paradiso *P*

Judite, que significa 'aquela que entoa louvores'[4], morreu e foi sepultada na Betúlia, que significa 'casa celeste'[5]. É que a D. Inês, ao ver a proximidade da sua morte, confessou-se[6] dessa forma ao Senhor e, arrependendo-se das suas faltas, morreu e foi sepultada, em nossa piedosa opinião, na Betúlia, isto é, na casa do Paraíso celeste[7], onde o Filho de Deus, bendito por todos os séculos, nos conceda, a nós e a ela, sepultura eterna.

AMEN

---

[4] É esse o sentido do passo a que o autor faz alusão: "Judite entoou um hino de acção de graças".

[5] Desta vez o autor opta por *sublimis*, mas, como se pode ver no *Catholicon*, é equivalente ao adjectivo anterior *excelsa*, aplicado aí a Rama.

[6] Jogo de palavras em que *confiteor* ora significa 'louvar', 'proclamar', como é o caso do Livro de Judite, ora significa 'confessar', como será mais adequado aqui. Cf. S. Jerónimo, *De nominibus Hebraicis* (PL 23, col. 789): "Judith, laudans, aut confitens".

[7] cf. S. Jerónimo, *De nominibus Hebraicis* (PL 23, col. 833): "Bethulia [...] domus Dei").

Fig. 7. Desenho de Alberto de Sousa
Colecção de Jorge Pereira Sampaio.

ESTUDO FILOLÓGICO

A cerimónia no mosteiro de Alcobaça, por ocasião da trasladação e deposição do corpo de D. Inês no belíssimo túmulo que
ainda hoje podemos admirar, é acompanhada de um discurso que
pretende valorizar claramente a validade sacramental do matrimónio entre D. Pedro e D. Inês. O autor da oração em causa,
D. João de Cardaillac, arcebispo de Braga, era Doutor em Leis da
Universidade de Toulouse, onde começara a leccionar, quando,
em 1350, foi escolhido pela Universidade para agradecer ao Papa,
em Avinhão, os privilégios concedidos aos Estudos Gerais de
Toulouse. A sua oratória causou forte impacto em Clemente VII,
também ele versado nas artes da oratória. Promoveu-o a bispo de
Orense em 8 de Junho de 1351[1], apesar de ter recebido apenas
a ordem da primeira tonsura[2], mas continuou a residir ainda algum tempo na corte de Avinhão. A sua eloquência granjeou-lhe
o honroso cargo de orador oficial da corte pontifícia. Foi ele
que pronunciou o elogio fúnebre de Clemente VII e o elogio de
Inocente VI, por ocasião da sua entronização, bem como, muito
mais tarde, o elogio fúnebre de Urbano V. Nos últimos anos da
sua vida, antes de morrer em 1390 em Toulouse, recolheu os
seus discursos e sermões.

---

[1] Eubel 1913: ¹19.
[2] Mollat 1914: 838.

D. João de Cardaillac evidencia um excelente domínio dos recursos retórico-estilísticos clássicos e medievais e muito particularmente das teorias e técnicas recomendadas pelas *Artes Praedicandi* da época.

O Arcebispo Primaz de Braga seria tão bom orador quanto jurista. Era, de facto, notável e profundo o conhecimento de cultura geral de que era detentor, designadamente das Sagradas Escrituras, dos autores clássicos e cristãos, mas sobretudo do direito civil e canónico, a ponto de os seus contemporâneos o apelidarem de "biblioteca das leis humanas e divinas"[3]. Com efeito, fazia questão de ostentar a sua erudição de jurisconsulto. É significativo, por exemplo, o facto de iniciar 26 das suas pregações aludindo a textos do direito civil.

A fama de orador alcançada junto da corte pontifícia teria certamente motivado a escolha de D. Pedro para momento tão marcante e tão solene do seu reinado. Estava em causa a reabilitação da sua querida Inês. A sua amada era merecedora da arte e erudição de um dos maiores oradores da cristandade porque complementava essa magnífica obra-prima da escultura funerária gótica, guardiã das relíquias de um amor eterno, na qual estava plasmado o ardor, a mágoa e o empenhado afecto do jovem rei. Mas, além disso, D. Pedro também confiava na mestria de um especialista em leis para clarificar e consolidar definitivamente a legitimidade dos laços matrimoniais, mesmo perante os mais incrédulos[4]. O saber científico aliava-se à proficiência retórica visando um único objectivo: o de corrigir ideias ou rumores, a seu ver, errados, justificando, por uma sólida argumentação jurídico-religiosa, a validade do seu casamento e a licitude dos seus amores.

---

[3] Vd. Arnaud Bernard Aymeri *apud* Mollat 1953: 74-121, na nota 3 da pág. 78 ("praeclarissimarum legum diuinarum pariter et humanarum armario").

[4] José Marques (2002: 339) sublinha a intenção política subjacente a este sermão de Cardaillac: "É bem de prever quanto este sermão terá agradado ao rei D. Pedro, não só porque elevava o seu amor com a malograda D. Inês de Castro à dignidade de matrimónio, de acordo com a afirmação do livro do Génesis, mas também abria novas perspectivas políticas aos filhos dos seus amores".

Neste sermão, D. João de Cardaillac vai alicerçando os seus argumentos nas autoridades dos textos sagrados e nas dos mais importantes domínios da teologia, fazendo uso constante da técnica das autoridades concordantes, prática preconizada pelas *Artes Praedicandi* medievais. Mas, enquanto jurista, não resiste a fundamentar as suas afirmações também em razões de direito. Por vezes, inverte a sequência da hermenêutica jurídica forçando a justificação dos preceitos e pressupostos legais com a própria ocorrência dos factos. Refira-se, a título de exemplo, que, depois de reforçar a legitimidade do casamento com a imponência que D. Pedro quis imprimir às exéquias de D. Inês, com alusão à sumptuosidade do seu túmulo, as quais têm equivalência bíblica na magnífica sepultura e na solenidade com que Abraão honrou Sara, D. João de Cardaillac vai mais longe. O facto de ter sido D. Pedro a escolher a sepultura de Inês é motivo suficiente para invocar a legalidade do matrimónio, uma vez que estava juridicamente estabelecido que "quando a esposa não escolhe sepultura, pertence ao marido escolhê-la por ela e mandar celebrar as suas exéquias". Perante a evidência dos acontecimentos, considerando nomeadamente que D. Pedro mandara fazer a sepultura de Inês e estava a celebrar as suas exéquias – e com magnificência e sumptuosidade –, o orador imprime subtilmente nas mentes da sua audiência a mensagem subliminar de que D. Pedro estava a agir como seu genuíno consorte, do ponto de vista legal, uma vez que esse era um dos direitos do verdadeiro cônjuge. Assim, a argumentação jurídica coaduna-se aqui com o princípio da casualidade, igualmente explorado pelas *Artes Praedicandi* da época[5].

Pois bem, seguindo os bons preceitos dessas artes retóricas medievais, Cardaillac parte de um tema, a que ele vai fazendo alusão regular, ao longo de todo o seu sermão: *Abraão sepultou Sara, sua esposa* (Gen 23)[6].

---

[5] O princípio em causa explorava as causas dos factos e os efeitos das causas.

[6] Sobre a teoria das *Artes Praedicandi* medievais, vd. Gilson, 1932: 93-154, Caplan 1933: 73-96; Charland 1936; Murphy 1974: 269-355, e, de uma forma geral, a bibliografia indicada em Murphy 1972, designadamente P1-P70.

Como os teorizadores medievais ensinavam, o início, muito especificamente a selecção do tema, constitui a parte fundamental de uma obra. O franciscano João de Gales sublinha na *Forma predicandi*, que lhe é atribuída, que o tema representa os fundamentos do sermão e dele depende a *dispositio* de todo o edifício oratório[7]:

> *Thema quasi tocius operis fundamentum (...) in quo omnia dicenda uirtualiter contineantur.*
>
> (O tema é como que os alicerces de toda a obra (...), no qual tudo o que há a dizer deve estar potencialmente compreendido).

Por outras palavras, todo o discurso, na sua realização virtual, isto é, com todas as potencialidades latentes e capacidades intrínsecas que o mesmo implica, deve estar contido no tema.

Um texto anónimo expõe esta imagem da ramificação gradual do discurso, que se constitui a partir do tema:

> *Vnde, quia thema est quasi radix totius sermonis et per ipsum fundamentum stabilita totius aedificii fabrica consurgit, et sicut ex uno et eodem stipite hinc et inde nascuntur ramuli, sic ex eodem themate membra*[8] *sermonem integrantia propagantur*[9].
>
> (Por isso, uma vez que o tema é como que a raiz de todo o sermão e por esse mesmo fundamento se ergue a fábrica de todo o edifício, e tal como de um único e mesmo tronco nascem daqui e dali ramos mais pequenos, também assim do mesmo tema se propagam membros que são parte integrante do sermão).

---

[7] Vd. Gilson 1932: 101-103.

[8] As partes principais do sermão são justamente designadas por "membra" ou "principalia".

[9] Vd. MS Anger 1582, fol. 132[r], in Charland 1936: 113, n. 2.

Fiel a estas doutrinas, o autor desenvolve, a partir das três primeiras palavras do tema, uma tríade de linhas de pensamento que se entrecruzam no paralelismo entre a autoridade bíblica e o contexto da época que D. João de Cardaillac pretende explorar, a fim de esclarecer cabalmente as dúvidas que pudessem subsistir acerca de uma situação que aparentemente suscitava algumas reservas, mas também para, enquanto Arcebispo Primaz de Braga, legitimar, de forma inequívoca, a partir das autoridades sagradas, o valor sacramental do vínculo que outrora teria unido D. Pedro a D. Inês:

Abraham		*Saram*	
	sepeliuit		uxorem suam
	está a sepultar		sua esposa
Pedro		Inês	

D. João de Cardaillac tenciona estabelecer a analogia entre o procedimento de Abraão para com Sara e a atitude de D. Pedro para com D. Inês. O paralelismo começa na etimologia dos antropónimos das figuras sagradas. Detém-se longamente numa comparação hábil e de belo efeito de Abraão com D. Pedro e, quer pela forma como procura justificar os epítetos etimológicos de Abraão, alicerçando-os nas *auctoritates* dos antigos – "excelso" ou "que olha pelo seu povo" –, quer pelo paralelismo de situações (na forma como honraram e amaram as respectivas esposas em vida e depois da morte, no receio que demonstraram em esconder o estado conjugal, um do Faraó e o outro do pai), Cardaillac confere estatuto quase divino a D. Pedro e às suas acções. A preocupação de Deus com o seu povo sagrado encontra semelhanças em D. Pedro, designadamente no capítulo da justiça. O desvelo que D. Pedro demonstra com o povo exprime-se através da aplicação da justiça, que lhe havia de valer o cognome de "Justiceiro". Mas logo acrescenta D. João de Cardaillac, abonado em textos bíblicos, que essa justiça é divina, tal como o Deus do Antigo Testamento é também um Deus terrível e justiceiro.

Revela-se muito feliz a escolha do tema, proporcionando um perfeito paralelismo contextual e uma sólida e eficaz identificação das personagens bíblicas com as pessoas de D. Pedro e de D. Inês. A primeira parte do seu discurso está, pois, cimentada no confronto da situação de D. Pedro e de D. Inês com a de Abraão e Sara. Por um lado, D. João de Cardaillac visa, deste modo, enaltecer a figura de D. Pedro, comparando-o ao grande Patriarca do Antigo Testamento. Por outro lado, o paralelismo entre as duas situações visa justificar a legalidade dos actos de D. Pedro com um argumento jurídico incontestável: o divino, legitimado que é pelo maior patriarca da História Sagrada.

É nesta fase introdutória que, para reforçar a legalidade do matrimónio previamente celebrado, tem cabimento a já referida alusão à imponência da sepultura de ambas as esposas e ao imperativo legal relativamente à escolha da sepultura, que, em caso de morte da consorte, compete ao marido.

Outro dos modos de desenvolvimento, de acordo com o popular tratado franciscano *Ars Concionandi*, do Pseudo-Boaventura, é o jogo com o sentido literal ou etimológico das palavras, que o arcebispo de Braga não deixa de explorar[10]. Em hebraico, Sara significa "princesa". O facto de o paralelismo se aplicar a Inês, é suficiente para reclamar também para ela o título de princesa, reforçando a ideia da legitimação do matrimónio através do título, como que por coincidência etimológica, quase providencial no paralelismo que o pregador explorou.

É também neste contexto que surge a alusão à fonte das lágrimas - distinta da fonte dos amores, ambas identificadas por Vasconcelos (1928: 118). Depreende-se da explanação de Cardaillac que, naquela época, já teria o nome de fonte das lágrimas. O Arcebispo de Braga explora o nome que a tradição popular terá atribuído à fonte

---

[10] Segundo Murphy 1974: 326sq, a *Ars Concionandi*, que também foi atribuída a Alberto Magno, é uma versão incompleta da *Ars Dilatandi Sermones*, da autoria do britânico Ricardo de Thetford. Sobre o texto em causa, vd. Collegium Sancti Bonaventurae 1901, vol. 8: 8-21 (*Ars Concionandi*), muito particularmente a p. 17, para o assunto em análise.

justificando-o com um passo bíblico, como se essa atribuição fosse também profética ou providencial. Prevaleceu no tempo a designação de "fonte dos amores", mas a essa prática não terá sido alheia a influência determinante de Camões. Cf. *Os Lusíadas*, cant. III, est. 135:

> "As filhas do Mondego a morte escura
> Longo tempo chorado memoraram,
> E, por memória eterna, em fonte pura
> As lágrimas choradas transformaram.
> O nome lhe puseram, que inda dura,
> Dos amores de Inês, que ali passaram.
> Vede que fresca fonte rega as flores,
> Que lágrimas são a água e o nome Amores.

As inúmeras citações bíblicas reflectem, efectivamente, a preocupação em legitimar por argumentos divinos, inscritos nos livros sagrados, a união sacramental entre D. Pedro e D. Inês. Na tentativa de reconhecer, por exemplo, o estatuto matrimonial de D. Pedro e D. Inês, Cardaillac parte do episódio da criação da mulher, no cap. 2, 23-24 do Génesis, em que Adão exclama "Esta é, realmente, osso dos meus ossos e carne da minha carne (...)", donde o autor sagrado conclui que: "Por esse motivo, o homem deixará o pai e a mãe, para se unir à sua mulher; e os dois serão uma só carne". E bem sabemos quão intensa e profundamente D. Pedro sentia esta união.

As comparações com as grandes figuras bíblicas são apenas algumas das características discursivas de Cardaillac, aliás, em consonância com a prática corrente do sermão fúnebre dos inícios do séc. XIV que explorava técnicas compositivas específicas como a *distinctio*, ou a recursos retórico-estilísticos, como a *comparatio*[11]. Já no elogio fúnebre do Papa Clemente VI, em 1352, havia comparado o Pontífice defunto ao Rei

---

[11] Sobre estes procedimentos vd. D'Avray 1994: 34.

81

David; da mesma forma, na entronização de Inocêncio VI, que sucedeu a Clemente VI e cujo panegírico também coube em honra a D. João de Cardaillac, o orador identificou o novo Pontífice com Salomão. Ambos os discursos foram explorados em torno destas comparações e das qualidades desses grandes reis judeus, que, em alguns dos cotejos, ficavam mesmo aquém das capacidades e competências dos Pontífices elogiados.

A arte da adulação, muito explorada na corte papal avinhonense, com recurso à amplificação do enaltecimento das virtudes e capacidades dos Pontífices – o que valeu ao ilustre pregador justamente a nomeação para orador titular da corte pontifícia –, reflectia-se agora na forma como exaltava as figuras e qualidades de D. Pedro e D. Inês ao longo do presente sermão comparando-os a um dos casais de referência na tradição bíblica veterotestamentária.

Da mesma forma, mais tarde, em missiva dirigida ao Papa, com o objectivo de obter para Henrique de Trastâmara as boas graças do Pontífice, havia de comparar o rei de Leão e de Castela a outra grande figura da Bíblia: Moisés, significando com isso que o rei era um novo salvador e libertador do povo castelhano.

Sendo um sermão dirigido aos súbditos de D. Pedro, na sua maioria pouco cultos, o pregador não se orienta por planos abstractos ou distinções doutrinais. A sua audiência prefere imagens sensíveis e representações materiais facilmente concebíveis. Daí que a explicação prévia do tema, a *introductio thematis*, sirva de introdução à divisão do assunto. Na verdade, para retirar o ensinamento do tema, o pregador toma as palavras do mesmo tema e extrai daí o conteúdo: é aquilo a que se chama vulgarmente uma divisão *per verba* e *ab intus*, porque se baseia nas palavras do texto sagrado e respeita a ordem sequencial da autoridade sagrada:

1. um ofício fúnebre de grande piedade, porque a sepultou;
2. um trono de poder exímio, por se tratar de Abraão;
3. um consórcio de uma comunhão legítima, por ser sua esposa.

A. officium magne pieta	tis	quia	sepeliuit
B. fastigium eximie potesta	tis	quia	abraam
C. consorcium legitime societa	tis	quia	uxorem suam.

Os três fundamentos desta comparação são sintetizados, no final da parte introdutória, numa construção cíclica que retoma todas as palavras do tema. A tríade de ideias, organizadas de forma parale-lística, numa sequência de substantivos neutros seguidos sempre de adjectivos em genitivo, que, por sua vez, qualificam vocábulos todos eles de tema em dental, da terceira declinação (*pietatis – potestatis – societatis*), é acentuada pelo recurso à conjunção subordinada causal *quia*. O múltiplo homeoptoto daí resultante, em jeito de rima interna, consolida, do ponto de vista morfológico, a estrutura para-lelística sintáctica, que, apesar da evidência estilística, é reforçada pela disposição óptico-grafemática com que esta tríade é registada no manuscrito. O propósito dos recursos retórico-estilísticos aqui utilizados é bem evidente: enfatizam o pragmatismo jurídico-argu-mentativo que D. João de Cardaillac pretendia conferir ao seu texto através do paralelismo estruturado em *tricola*, um número sagrado.

A disposição na mancha do manuscrito, o recurso à anáfora e aos homeoptotos, em absoluto paralelismo morfossintáctico, de classes gramaticais e de flexões verbais, sublinham a excelente articulação da *diuisio* com o *thema*, numa harmonia de três membros que remete para a perfeição do número divino, decorrente da relação simultaneamente trina e una entre as três pessoas da Santíssima Trindade. A forma como esta *diuisio* nos é apresentada demonstra bem o requinte estilístico e a proficiência oratória de D. João de Cardaillac. No desenvolvimento de cada um destes três elementos, o pregador alicerça as ideias em pilares de autoridades sagradas.

Convém salientar que mão posterior adicionou na margem tí-tulos para evidenciar alguns tópicos. Anheim afirma que se supõe que estas anotações marginais são do punho do próprio Cardaillac, talvez para sua própria referência, no manuseamento dos textos, pois tê-las-á certamente inserido depois do copista ter concluído a compilação dos seus sermões[12].

Na explanação do primeiro ponto, o pregador arenga sobre o acto de sepultar os mortos. Partindo do conceito de obra de misericórdia, facilmente ajusta o discurso aos argumentos de natureza jurídica. Em breves linhas explica a evolução das várias tradições desde a Antiguidade até à tradição judaico-cristã. É neste passo que se regista a primeira influência de uma obra do beneditino francês Pierre Bersuire (ca. 1290-1362), também conhecido por Pierre Berceure, Bercheure ou Berchoire, pois o seu nome foi registado de várias formas pelos copistas e o próprio autor se autodesigna, em latim, por Petrus Berchorius[13]. Este letrado, que é um dos presumíveis autores dos famosos *Gesta Romanorum*, notabilizou-se pelos seus talentos na corte pontifícia de Avinhão, onde permaneceu 12 anos, sendo aí acolhido sob a protecção do Cardeal Desprès, vice-chanceler do Papa. Foi um grande erudito que conviveu com Petrarca, tanto em Avinhão, como, mais tarde, em Paris. Enciclopedista de renome, reuniu nas suas obras todo o saber daquela época nos mais diversos âmbitos da teologia, filosofia, física, geografia, história natural e medicina, pelo que exerceu grande influência sobre os letrados e pregadores da primeira metade do séc. XIV. Compôs a maior parte das suas obras em Avinhão. Entre elas conta-se o *Repertorium morale*, também designado por *Dictionarium biblicum, Dictionarium morale, Repertorium morale utriusque Testamenti*, uma obra que se assumiu como um dicionário bíblico-moral, imprescindível para os cultores da parenética e da homilética. As principais palavras da Bíblia encontram-se aí registadas por ordem alfabética e são acompanhadas de algumas reflexões morais. Este dicionário temático terá sido composto antes de

---

12 Vd. Anheim 2014: 10, n. 3.
13 Sobre Bersuire, vd. Gier 1980 e Schmitz 1968.

1355 e tornou-se, desde então, uma das obras mais populares entre os pregadores. É perfeitamente natural que D. João de Cardaillac tivesse conhecimento imediato da publicação da obra do seu compatriota e a ela recorresse a fim de articular a estrutura do seu sermão com as citações bíblicas mais relevantes para a temática em causa. Aliás, a ajuda que tal obra representava para os pregadores na redacção dos seus sermões e na respectiva adequação às teorias das *Artes Praedicandi* podemos inferi-la das múltiplas cópias e edições de que foi alvo um pouco por toda a Europa, ao longo dos séculos seguintes.

É desta obra de Bersuire que D. João de Cardaillac transpõe, por exemplo, a descrição de costumes invulgares e exóticos relacionados com a morte e a sepultura dos defuntos. O primeiro caso, a que alude, é o dos Hircanianos, que se caracterizam pela prática insólita e cruenta de consumirem os seus próprios mortos. Ora, a Hircânia é uma zona do Mar Cáspio, a Norte do actual Irão, famosa, na antiguidade pela ferocidade dos seus tigres. Na *Eneida* de Virgílio (4.367), Dido recrimina Eneias, bradando, no seu desgosto, que o herói troiano nem era filho de uma deusa, nem descendente de Dárdano, mas antes dos duros rochedos do Cáucaso, amamentado pelos tigres hircanianos. A fama dos tigres da Hircânia era proverbial, entre os romanos, a par da dos felinos da Índia, como salientam Pompónio Mela e Plínio, o Naturalista, autores do séc. I A.D.[14]. Todavia, nenhum dos dois autores faz referência às mórbidas práticas canibalescas deste povo bárbaro.

Porém, a literatura antiga é fértil em relatos de antropofagia e de sacrifícios humanos justamente nas regiões da Pártia, Cítia e territórios vizinhos. Eram consideradas características dos povos bárbaros. Assim, a referência a um modo particular de sepultura

---

[14] Pompónio Mela (*De situ orbis* 3.5) faz uma descrição pormenorizada dos tigres. Plínio (*Nat. Hist.* 8.66) é mais sucinto: "Tigrim Hyrcani et Indi ferunt, animal uelocitatis tremendae et maxime cognitae, dum capitur totus eius fetus, qui semper numerosus est".

na Hircânia, através do consumo da carne humana, mas por cães, já havia sido registada por Cícero, nas *Tusculanae Disputationes* (1.45). Ainda assim, o Arpinate, que afirma seguir, por sua vez, as descrições do filósofo estóico Crisipo, nada diz sobre antropofagia:

> *In Hyrcania plebs publicos alit canes, optumates domesticos: nobile autem genus canum illud scimus esse, sed pro sua quisque facultate parat a quibus lanietur, eamque optumam illi esse censent sepulturam.*

(Na Hircânia, a plebe cria cães para uso público, enquanto os nobres o fazem para uso particular; bem sabemos que se trata, no entanto, de uma raça de cães valiosa, mas cada um, de acordo com as suas capacidades, prepara alguns para ser dilacerado por eles e consideram essa a melhor forma de sepultura).

O geógrafo grego Estrabão (11.11.3 e 8) confirma o uso de cães entre os Bactrianos e os Cáspios, uma prática que, aliás, um dos governadores de Alexandre Magno quis banir[15].

---

[15] Trata-se de Estasanor, general de Alexandre, que viria a ser prefeito e, depois da morte de Alexandre, sátrapa da Báctria. Todavia, esta prática estava demasiado enraizada nos povos daquele território asiático. A alusão à tentativa de Estasanor provém de Porfírio. Estrabão atribui o feito ao próprio Alexandre, considerando que o problema foi resolvido com êxito, e é muito explícito sobre os costumes de geronticídio entre os Bactrianos. A descrição destes bárbaros costumes vai o geógrafo colhê-la, como bem refere, a Onesícrito, historiador grego que acompanhou Alexandre Magno, nas suas campanhas militares pela Ásia. A mesma informação é também atestada por Porfírio (*De abstinentia* 4.21), Eusébio de Cesareia (*Praeparatio Euangelica* 1.4.7) e sobretudo por S. Jerónimo, em *Aduersus Iouinianum* 2.7 (Migne PL 23 col. 309), que, depois de dar o seu próprio testemunho de antropofagia como um dos hábitos dos Irlandeses, relata o seguinte:

H^(i)rcani uolucribus et canibus semiuiuos proiiciunt: Caspii iisdem bestiis mortuos. Scythae eos qui a defunctis amati sunt.uiuos infodiunt cum ossibus mortuorum. Bactri canibus ad hoc ipsum nutritis, obiiciunt senes. Quod cum Alexandri praefectus Stasanor emendare uoluisset, pene amisit prouinciam.

(Os Hicarnianos lançam-nos [os idosos], ainda meio vivos, aos abutres e aos cães. Os Cáspios lançam-nos, já mortos, às mesmas feras. Os Citas enterram vivos os que foram amados pelos defuntos, juntamente com os ossos dos mortos. Os Bactrianos lançam os idosos aos cães, que foram criados justamente com esse objectivo. E quando Estasanor, Prefeito de Alexandre, quis corrigir esse costume, quase perdia a província).

Pouco posterior a Mela e a Plínio é a referência de Sílio Itálico a este mesmo rito fúnebre na sua *Segunda Guerra Púnica* (13.473sq): *Regia cum lucem posuerunt membra, / probatum est Hyrcanis adhibere canes* (os Hircanianos consideram um acto de respeito o uso de cães quando um rei morre).

Todavia, nenhuma das fontes antigas faz referência à antropofagia entre os Hicarnianos como forma de evitar que os seus mortos sejam consumidos pelos vermes ou no intuito de conservarem os seres dos seus entes queridos dentro de si.

A única referência que se assemelha a este costume é de Estrabão, aplicada à Irlanda, território que vai merecer uma referência especial de Cardaillac, na esteira de Bersuire, mas a propósito de uma outra situação, como teremos ensejo de analisar mais adiante. Estrabão (4.4.) informa, sem grandes certezas, que os Irlandeses são mais selvagens do que os Britânicos, uma vez que comem carne humana e consideram uma honra comerem os pais, depois do seu falecimento[16].

Se a exposição dos cadáveres aos cães e aos abutres era um hábito comum em algumas civilizações, noutras, era a pior afronta que se poderia fazer aos mortos[17]. Na tradição judaico-cristã, fortemente influenciada pela cultura greco-romana, dar sepultura aos mortos era um acto agradável a Deus e uma obra de misericórdia[18]. Cardaillac

---

[16] O canibalismo dos Irlandeses já havia sido mencionado por Diodoro Sículo. Talvez Pompónio Mela tivesse em mente o acto de comerem os pais quando qualificou os Irlandeses de falta de *pietas*. O gramático Solino (*De mirabilibus mundi - Collectanea rerum memorabilium* 22.2-6) compilou os elementos de autores anteriores, como Mela, e acrescentou novos informes, como o costume de beberem o sangue dos inimigos e de besuntarem as faces com ele. A popularidade da sua obra influenciou directamente muitos autores cristãos. S. Jerónimo, no exemplo citado anteriormente (*Aduersus Iouinianum* 2.7), é testemunha ocular dos costumes canibais irlandeses.

[17] A épica e a tragédia grega apresentam-nos variadíssimos casos disso mesmo. Os hebreus transmitiram ao cristianismo esse sentimento de maldição e de desrespeito. Cf. e.g. Sl 79, 2-3; Jer 16, 4-6 e 25, 33

[18] Entre os passos bíblicos mais significativos a este respeito, salientamos os seguintes: Sir 38, 16; Tb 12, 12-13

suscita a simpatia da sua audiência para com o costume piedoso de dar sepultura cristã aos mortos e valoriza o acto ao contrapor os hábitos cruéis e impiedosos de povos bárbaros.

Outro exemplo de costumes fúnebres invulgares, colhidos por Cardaillac da obra de Bersuire, está situado mais perto de nós, mas, ainda assim, numa zona suficientemente remota do nosso continente para merecer o epíteto de exótico. Diz o texto de Bersuire:

> *Nota, quod in Hibernia dicitur esse quaedam insula ubi sepulta corpora non putrescunt, signans Paradisum, ubi, si homo post iudicium sepelitur, nunquam perpetuo corrumpetur.*
>
> (Repara que, segundo dizem, há na Irlanda uma ilha onde os corpos sepultados não apodrecem, significando com isso o Paraíso: se o homem aí for sepultado, nunca encontrará a corrupção eterna).

Esta *peculiar* alusão à ilha irlandesa, onde os cadáveres dos mortos nunca apodrecem, tanto podia ter sido colhida de Geraldo de Gales ou Cambrense, que dedica uma parte da sua *Topographia Hibernica* à descrição de casos miraculosos na Irlanda dos finais do séc. XII e relata pormenorizadamente este caso específico[19], como também pode ter sido tomada, já em segunda mão, de S. Boaventura, que a ela faz referência num *Sermo in Natiuitate Domini*, a pro-

---

[19] *Distinctio* 2, *cap.* VI, intitulado "De insula, ubi hominum corpora sub diuo posita non putrescunt". Como não sepultam os seus mortos e os corpos destes não estão sujeitos à putrefacção, os insulares dispõem da invulgar oportunidade de conhecer as feições dos seus antepassados:

In hac hominum corpora nec humantur, nec putrescunt. Sed sub diuo posita et exposita, permanent incorrupta.

Hic homines auos, atauos, et tritauos, longamque stirpis suae retro seriem, admirando conspiciunt et cognoscunt.

(Nesta [ilha], os corpos humanos nem são enterrados, nem apodrecem. Aqui as pessoas podem observar e conhecer os avós, tetravós, pentavós e a longa linhagem da sua estirpe daí para trás).

Vd. Dimock 1867: 83.

pósito da exposição sobre uma das doze propriedades do paraíso aplicáveis a Cristo, designadamente a incorruptibilidade:

> *Maximae* incorruptibilitatis; *nam ibi sunt usque hodie Henoch et Elias incorrupti et uiui,et nihil, quod est ibi uiuens, potest mori; nec mirum quia in Hibernia etiam est insula una, in qua mortuorum corpora non putrescunt, et alia, in qua homines non possunt mori.* [20]

> ([Lugar da] maior incorruptibilidade: com efeito, aí se encontram, até hoje, Enoque e Elias, incorruptos e vivos, e nada que aí esteja vivo pode morrer; e não admira porque na Irlanda também há uma ilha onde os corpos dos mortos não putrificam e onde as pessoas não podem morrer).

A citação provém seguramente de Bersuire. Todavia, este autor francês inspirou-se claramente em S. Boaventura, porque é o primeiro a estabelecer a relação com o Paraíso, ainda que a informação global tenha sido inspirada em Geraldo Cambrense.

D. João de Cardaillac faz ainda uso de vários modos de desenvolvimento previstos nas *Artes Praedicandi* de referência na época. Por exemplo, para justificar a tradição judaico-cristã da sepultura dos corpos em vez da cremação ou do consumo, recorre à imagem do grão de trigo que deve ser sepultado na terra e apodrecer para, com a força do Sol, renascer para a vida. Este é um dos princípios básicos consagrados nas *Artes Praedicandi* relativamente ao desenvolvimento do sermão através do recurso a metáforas em ordem à instrução: o conhecimento da natureza e da propriedade das coisas que Deus colocou à disposição do Homem para este aprender a partir da lição que a natureza nos

---

[20] Collegium Sancti Bonaventurae 1901, vol. 8: 115 (*Sermones de tempore, de sanctis, de B. Virgine Maria et de diversis*).

dá. O Sol, como é óbvio, representa Cristo que faz renascer os homens para a vida eterna.

Sempre fundamentado em *auctoritates* bíblicas, distingue três tipos de sepultura, consoante o alargamento da exposição em sentido tropológico ou moral, em sentido literal e em sentido anagógico. O jogo de paralelismos de base tríplice, a que já tínhamos assistido anteriormente ocorre novamente a propósito da tipologia da sepultura:

> Iuxta quod est sciendum quod in sacra scriptura reperio triplicem sepulturam. Est enim quedam sepultura
> * uirtualis   in   morum uellere
> * corporalis   in   terre puluere
> * eternalis   in   polorum ethere

As expressões centradas na repetição anafórica da mesma preposição equilibram-se na repartição novamente homeoptótica entre adjectivos em *–alis* e, no outro oposto, os ablativos terminados todos em *–ere*. Os determinantes que acompanham os ablativos, em cadência paralelística morfológica, mas não totalmente homeoptótica, geram pares ritmados, de cláusulas idênticas. Não fosse o trissílabo *polorum* e teríamos um paralelismo isossilábico perfeito.

Portanto, D. João de Cardaillac segue escrupulosamente os preceitos retóricos das *Artes Praedicandi*. Mas, nesta tripartição, Cardaillac não deixa de ir beber a inspiração a Bersuire, que opta exactamente pela mesma disposição, recorrendo a advérbios em vez de adjectivos e onde o isossilabismo é escrupulosamente respeitado. Cardaillac diverge da ordem de Bersuire e introduz ligeiras variações vocabulares.

Começa, pois, por explorar a sepultura moral ou virtual conferindo um significado moral a todos os passos das cerimónias exequiais

e da tumulação. Os fiéis, que acabaram de assistir a vários rituais fúnebres, têm essas imagens bem presentes, pelo que não é difícil a D. João de Cardaillac conferir um sentido alegórico-moral a cada uma dessas situações, em que o defunto:

> é envolto num sudário,
> é colocado num local embelezado,
> é conduzido em cânticos até à cova,
> é inserido no fundo da terra.

Fig. 8. Acácio Lino, *O Grande Desvairo*
Museu Municipal Amadeo de Souza-Cardoso.

A todos estes actos imprime um significado específico, sempre assente em autoridades concordantes dos autores sagrados e dos grandes letrados cristãos e medievais.

Continua a seguir o manual de Bersuire, ainda que este apresente seis fases:

Primo sudario inuoluitur,

Secundo in feretro ornato ponitur,

Tertio circa ipsum cerei accenduntur,

Quarto in foueam defertur,

Quinto a cantantibus sacerdotibus conducitur,

Sexto in terra inferius inhumatur.

O prelado bracarense elimina dois passos, o terceiro e o quarto, que acabam, ainda assim, por ficar integrados nos quatro que explora.

Insiste o orador em ilustrar as suas afirmações com *exempla* e episódios colhidos da natureza e dos ensinamentos que ela nos proporciona. Na esteira da técnica retórica de muitas metáforas das Sagradas Escrituras, que partem de exemplos concretos da natureza, os pregadores devem saber adequar esses exemplos à edificação da alma, pois a natureza dá-nos constantes lições de vida – e era também assim que os pregadores, sobretudo os Franciscanos, compreendiam que Deus tivesse posto as criaturas ao serviço do Homem. É, pois, neste âmbito que D. João de Cardaillac vai, mais uma vez, colher em Bersuire o exemplo da hiena para explorar o sentido alegórico-
-moral de um animal que desenterra os mortos para os comer, à semelhança do diabo, que desenterra os espíritos tumulados pela humildade, longe da contemplação dos mortais, para os exibir, ex-
plorando o orgulho e a vanglória humana, com o objectivo nítido de os privar da vida eterna.

Conclui a explicação do primeiro tipo de sepultura, insistindo no bom carácter e humildade de Inês de Castro, pelo que aduz nova autoridade bíblica para propor a comparação de D. Inês a Débora, que é por si eloquente. Débora, ama de Rebeca, é sepultada no monte Betel, que significa "casa de Deus". A etimologia justifica, mais uma vez, a comparação.

A exploração do segundo tipo de sepultura, a corporal, principia por duas citações bíblicas que D. João de Cardaillac importa nova-

mente de Bersuire. Convém esclarecer que o Arcebispo de Braga não segue servilmente o texto do seu compatriota. Altera a ordem explicativa da tipologia sepulcral e, em alguns casos, recorre às próprias autoridades bíblicas, comuns ao *Repertorium morale* do beneditino francês, para justificar ou ilustrar tipos de sepultura diferentes dos de Bersuire.

Retomando a sequência do sermão de D. João de Cardaillac, há lugar a um *exemplum* da parenética medieval e o autor conclui este segundo tipo de sepultura com o celebrado tópico literário "ubi sunt".

Num sermão que trata da morte e da efemeridade das grandezas e riquezas temporais, não é surpreendente que avulte aqui a temática medieval do *contemptus mundi* (desprezo do mundo), conceito tão típico da escatologia de matriz cristã, muito explorado ao longo da Idade Média. Costuma ser associado à vaidade das glórias vãs e efémeras e à transitoriedade do homem, mas também dos bens, alegrias e honras deste mundo, que vão e vêm ao sabor dos sortilégios desta vida terrena. Tudo termina com a morte e nada podemos levar para a outra vida. A este desprezo pelas honrarias e bens deste mundo terreno já os autores sagrados faziam larga alusão. Os padres da Igreja exploraram esta temática recorrendo a interrogações retóricas consecutivas, em anáfora, iniciadas pela fórmula *ubi sunt...*[21], que se tornou um *topos* da literatura medieval, sobretudo da literatura moralizante e parenética, mas que também marcou presença na literatura monástica, na literatura de visões e na de disputas ou debates[22]. Todavia, este tópico literário

---

[21] Sobre este tópico, vd. o excelente trabalho de Gilson 1922, artigo incluído mais tarde em Gilson 1955. Mas convém não esquecer estudos posteriores dignos de registo, que complementam, desenvolvem e actualizam os primeiros, como é o caso de Cross 1956, Friedman 1957, Liborio 1960, Kohls 1965, Morreale 1975 e Di Sciacca 2008.

[22] Em meios monásticos, há desde registos muito antigos, ainda em grego, como é o caso de S. João Crisóstomo (*Paraeneses ad Theodorum Iapsum*, tratado vertido para latim sob a designação de *De Reparatione Lapsi*), a muitos outros outros exemplos mais tardios, como é o caso, por exemplo, de Odão de Cluny (*Collationes* - PL 133, col. 614A).

provinha dos textos bíblicos, ainda que o encontremos igualmente em increpações ou lamentos de autores clássicos, e foi largamente repetido ao longo da História[23].

O profeta Isaías, por exemplo, lança três perguntas retóricas para demonstrar o desaparecimento das mais diversas personalidades (Is 33, 18):

> Vbi est scriba? Vbi ponderator? Vbi computator turrium?
> (Onde está o cobrador? Onde está o fiscal? Onde está o inspector das fortificações?)

Ou, na versão da Vulgata Clementina, com maior incidência nos doutos e intelectuais:

> Vbi est litteratus? Vbi legis uerba ponderans? Vbi doctor paruulorum?
> (Onde está o letrado? Onde está o que pesava as palavras da lei? Onde está o mestre das crianças?)

A anáfora desta interrogação interpela directamente os grandes da terra, apostrofando-os de forma retórica, para, no vazio e na evidência da resposta, reforçar o impacto eloquente do silêncio, que faz ressoar a inutilidade dos bens terrenos.

O livro de Job presta-se à exploração da temática do desprezo do mundo. No versículo 10 do cap. 14 surge, cristalina, a esperada interpelação: "Homo uero cum mortuus fuerit et debilitatur, exspirat homo et, ubi, quaeso, est?" (Mas o homem, ao morrer, acaba. O mortal expira e onde está ele?). O cap. 21 é dedicado ao destino que aguarda os ímpios e à efemeridade da sua riqueza

---

[23] Becker 1916 salienta ainda o papel da escola retórica grega e explora a influência deste topos na literatura islâmica.

e poder. As dúvidas sobre a certeza implacável e inexorável da justiça divina levam o protagonista a transformar as afirmações do povo em interrogações:

Quid enim ad eum pertinet de domo sua post se, et si numerus mensium eius recidetur? (...) Iste moritur robustus et sanus, diues et felix; uiscera eius plena sunt adipe, et medullis ossa illius irrigantur. Alius uero moritur in amaritudine animae absque ullis opibus; et tamen simul in puluere dormient, et uermes operient eos. (...) Dicitis enim: "Vbi est domus principis, et ubi tabernacula impiorum?".

(Que lhes importa a sua casa depois de mortos, quando for contado o número dos seus dias? (...) Este morre cheio de vigor e saúde, rico e feliz, com os flancos cobertos de gordura e a medula dos seus ossos cheia de seiva. Aquele morre com a amargura na alma, privado dessa felicidade. E, contudo, juntos se deitarão no sepulcro, e ficarão cobertos de vermes. (...) Dizeis: 'Onde está a casa do tirano? Onde está a tenda em que habitam os ímpios?').

O autor do livro de Baruc desenvolve o mesmo tópico (Bar 3, 16s-19):

Vbi sunt principes gentium et qui dominantur bestiis, quae sunt super terram, qui in auibus caeli ludunt, qui argentum thesaurizant et aurum, in quo confidunt homines, neque est finis acquisitionis eorum; qui argentum fabricant et solliciti sunt, nec est inquisitio operum illorum? Exterminati sunt et ad inferos descenderunt, et alii loco eorum surrexerunt.

(Onde estão os chefes das nações e os domadores dos animais da terra? Onde estão os que se divertem com as aves do céu, os que acumulam prata e ouro, riquezas em que os homens confiam e em cuja posse não põem limites? Onde estão os que lavram a prata e a cinzelam, sem revelar o segredo de seus trabalhos? Desapareceram, desceram à mansão dos mortos, e outros surgiram e tomaram o seu lugar).

Na literatura clássica latina, Cícero (*Pro Cn. Plancio* 13.33) recorre à mesma anáfora, em jeito de *laudator temporis acti*, para lamentar a ausência das antigas virtudes, imprescindíveis para o bem comum: "Vbinam ille mos? ubi illa aequitas iuris? ubi illa antiqua libertas ...?". Este recurso retórico ocorre, em contexto idêntico, nas *Filípicas* (8.8.23): "Pro di immortales! ubi est ille mos uirtusque maiorum?".

Em outros autores clássicos podemos encontrar também interrogações idênticas em contexto parecido, mas não totalmente idêntico aos dos textos sagrados.

Determinante virá a ser a recuperação deste mesmo tópico por S. Paulo (1Cor 1.19-20):

> Scriptum est enim: "Perdam sapientiam sapientium et prudentiam prudentium reprobabo". Vbi sapiens?
> Vbi scriba? Vbi conquisitor huius saeculi? Nonne stultam fecit Deus sapientiam huius mundi?
> (Pois está escrito: *Destruirei a sabedoria dos sábios e rejeitarei a inteligência dos inteligentes.*
> Onde está o sábio? Onde está o letrado? Onde está o investigador deste mundo? Acaso não tornou Deus louca a sabedoria deste mundo?).

Ao longo da História, são vários os textos que exploram o mesmo tópico literário. Um dos maiores escritores orientais do séc. IV, Efrém da Síria, na versão latina do sermão que se intitula em latim *De patientia et consummatione huius saeculi, ac de secundo aduentu; necnon de meditatione diuinarum scripturarum; et quae quantaque sit quietis silentiique utilitas*, retoma e desenvolve este tópico[24]. Admirador de Efrém da Síria é S. Cesário de Arles que o cita por diversas vezes e dedica às suas admonições alguns dos seus *Sermones de diuersis seu admonitiones*. Ora o *Sermo 31* desta série (*CCSL 103*: 135-36), o célebre *Sermo de elemosinis*, é dedicado a esta temática. Cesário de Arles dá aqui a palavra aos cadáveres (*ossa arida*) para advertirem os vivos da fugacidade da vida. Neste contexto, recorre ao tópico do *ubi sunt*:

Fratres dilectissimi, si laboramus pro carne nostra, laboremus et pro anima nostra: si currimus pro carne, satiamus carnem, ornamus carnem, quam post paucos annos aut forsitan dies uermes deuoraturi sunt in sepulchro, quanto magis non debemus despicere animam, quae Deo et angelis praesentatur in caelo? Cogitemus, fratres, quia quando caro copiosis deliciis satiatur, et abundanti uino nimis inficitur, pabulum luxuriae ministratur, et esca uermium prouidetur.

Rogo uos fratres, aspicite ad sepulchra diuitum, et quotiens iuxta illa transitis, considerate et diligenter inspicite, ubi sunt illorum diuitiae, ubi ornamenta, ubi anuli uel inaures, ubi diademata pretiosa, ubi honorum uanitas, ubi luxoriae uoluptas, ubi

---

[24] O original foi escrito em grego, mas a versão latina (vd. Assemann 1746: 93-104) rapidamente se propagou e influenciou sobretudo a literatura de meios monásticos. A título de comparação, transcrevemos o texto em causa:
Vbi tunc procacitas ac petulantia? ubi tunc carnis fortitudo? ubi pulchritudo fallax atque inutilis? ubi tunc humana uoluptas? ubi tunc impudens inuerecundaque audacia? ubi tunc ornatus uestium? ubi tunc uoluptas peccati uere immunda et sordida? ubi tunc qui masculorum stercora in uoluptate ponunt? ubi tunc eorum negligentia, qui in desidia hic uitam transegerunt? ubi tunc deliciarum illecebrae? Cuncta illa praeterierunt et mollis aëris instar dissoluta sunt.
Vbi tunc auaritia et rerum terrenarum cupiditas, quaeque ex ipsis oritur immisericordia? ubi tunc immanis superbia quae cuncta despicit seque solam aestimat quid esse? ubi tunc inanis ac uana hominum felicitas et gloria? ubi tunc potentia? ubi tunc tyrannis? ubi princeps, ubi dux? ubi magistratus? ubi qui in opibus? ubi qui in multitudine gloriabantur diuitiarum suarum et Deum contemnebant? (...) Vbi tunc sapientia sapientum? ubi uanae eorum astutiae? (...) ubi tunc sapiens? ubi scriba? ubi conquisitor huius saeculi uanissimi? (Assemann 1746: 95).

spectacula uel furiosa uel cruenta uel turpia. Certe transierunt omnia tamquam umbra; et si paenitentia non subuenerit, sola in perpetuum obprobria et crimina remanserunt. Considerate diligentius et uidete superborum sepulchra, et agnoscite quia nihil in eis aliud nisi soli cineres et foetidae uermium reliquiae remanserunt...

(Caríssimos irmãos, se nos preocupamos com o nosso corpo, preocupemo-nos também com a nossa alma; se nós corremos pelo corpo, se saciamos o corpo, se ornamentamos o corpo que os vermes hão-de devorar no sepulcro dentro de poucos anos ou talvez dias, quanto mais devemos nós não desprezar a alma, que é apresentada a Deus e aos anjos no céu? Consideremos, irmãos, que, quando o corpo é saciado por copiosas delícias e fica excessivamente impregnado de vinho abundante, está servido o pasto da devassidão e está garantido o alimento dos vermes.

Rogo-vos, irmãos, olhai para os sepulcros dos ricos e, sempre que por eles passardes, examinai e vede bem onde estão as suas riquezas onde estão os seus atavios, onde estão os anéis ou os brincos, onde estão os diademas preciosos, onde está a vaidade das honrarias, onde está o prazer da devassidão, onde estão os espectáculos delirantes, sangrentos ou vergonhosos. Certamente que passaram como uma sombra; e, se o arrependimento não tiver vindo em seu auxílio, sobejaram para a eternidade apenas opróbrios e crimes. Examinai muito bem e vede os sepulcros dos soberbos e reconhecei que nada sobra deles senão cinzas da terra e restos fétidos de vermes).

Este texto, que revela também influência de Santo Ambósio[25], terá ecos nos *Sermones ad fratres in eremo*, que obtiveram grande

---

[25] *Hexaemeron*, 6.8.51:
Quid enim habes, o homo, quod non accepisti? Nonne haec omnia sicut umbra praetereunt? Nonne domus tua haec puluis est et ruina? Nonne haec omnia falsa? Nonne saeculi huius thesaurus uanitas est? Nonne tu ipse es cinis? Respice in sepulcra hominum et uide quid ex te nisi cinis et ossa remanebunt, hoc est, ex corpore tuo: respice, inquam, et dic mihi quis ibi diues, quis pauper sit? Discerne

sucesso. Trata-se de um conjunto de meia centena de sermões atribuídos a Santo Agostinho, mas considerados espúrios, pois crê-se
que tenham sido forjados por Cónegos Regrantes de Santo Agostinho
para servirem propósitos estratégicos da Ordem. Destes sermões
do Pseudo-Agostinho, salientamos o *Sermo* 48, intitulado *De Cura
Animae* (PL 40), do qual citamos o seguinte passo:

> Vbinam est Caesaris corpus praeclarum, ubi magnitudo diuitiarum,
> ubi apparatus deliciarum, ubi multitudo dominorum, ubi caterua
> baronum, ubi acies militum, ubi canes uenatici, ubi equi ueloces,
> ubi aues cantantes, ubi thalamus pictus, ubi lectus eburneus, ubi
> thorus regalis, ubi thronus imperialis, ubi mutatoria uestimentorum,
> ubi capilli solares, ubi facies decora, ubi omnia quae sub coelo sunt?
> Te namque uerebantur homines, te timebant principes, te
> colebant urbes, te timebant omnes. Vbinam, quaeso, sunt haec
> omnia, a quo recessit tanta iactantia? Quo iuit tua magnificentia?
> (...) Omnia sibi pariter defecerunt quando defecit spiritus eius et
> reliquerunt eum captiuatum in sepulcro trium brachiorum plenum
> fetore et putredine (PL 40, col. 1331).

> (Onde está o ilustre corpo de César? onde está a grandeza
> das suas riquezas? onde está a sumptuosidade das delícias? onde
> está a multidão dos senhores? onde está a chusma de serviçais?
> onde estão os esquadrões de soldados? onde estão os cães de
> caça? onde estão os cavalos velozes? onde estão as aves canoras?
> onde está o tálamo florido? onde está o leito de marfim? onde
> está leito nupcial real? onde está o trono imperial? onde estão
> as mudas de roupa? onde estão os cabelos louros? onde está o

---

inopes ac potentes. Nudi omnes nascimur, nudi morimur. Nulla discretio inter
cadauera mortuorum; nisi forte quod grauius foetent diuitum corpora distenta
luxurie. Quem audisti pauperem cruditate defunctum? Prodest illi inopia sua:
exercet corpus, non opprimit. Nec tamen audiuimus iustum derelictum, et semen
eius quaerens panem; quoniam qui bene operatur in terra sua, abundat alimentis.
Attende ergo tibi, diues; quia et tu carnem portas sicut pauper.

rosto formoso? onde está tudo quanto existe sob o céu? É que os homens tinham-te respeito, os príncipes temiam-te, as cidades honravam-te. Todos te temiam. Onde estão, afinal, pergunto, essas coisas donde provinha tamanha ostentação? Para onde foi a tua grandiosidade? (...) Tudo para ele morreu no mesmo instante em que o seu espírito morreu e abandonaram-no, cativo, num sepulcro de três côvados, cheio de fedor e podridão).

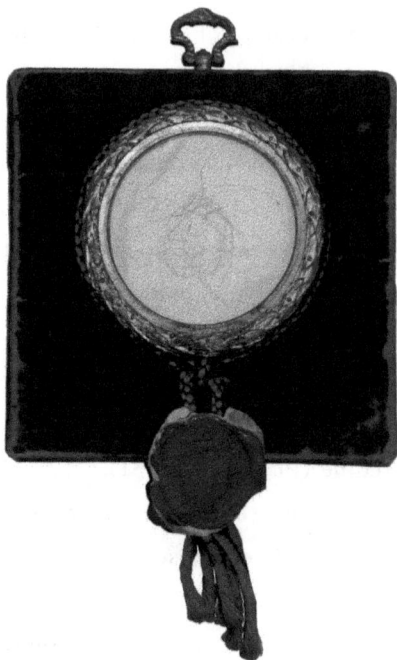

Fig. 9. Relíquia do cabelo de D. Inês,
Colecção de Jorge Pereira Sampaio.

Mas será Isidoro de Sevilha a fixar o tópico para a posteridade no seu *Livro dos Sinónimos* (*Synonyma* 2.91, PL 83, 865C)[26]:

---

[26] Mesmo uma obra tão influente na Idade Média como o *Liber Scintillarum* do monge Defensor de Ligugé (séc. VII-VIII) se baseou em Santo Isidoro. Cf. o cap 79

Breuis est huius mundi felicitas, modica est huius saeculi gloria, caduca est et fragilis temporalis potentia. Dic ubi sunt reges? Vbi principes? Vbi imperatores? Vbi locupletes rerum? Vbi potentes saeculi? Vbi diuites mundi? Quasi umbra transierunt, uelut somnium euanuerunt.

(É passageira a felicidade deste mundo, é escassa a glória deste mundo, é efémero e frágil o poder temporal. Diz-me onde estão os reis? Onde estão os príncipes? Onde estão os imperadores? Onde estão os possuidores de grandes fortunas? Onde estão os poderosos destes tempos? Onde estão os ricos do mundo? Passaram como uma sombra, esvaneceram-se como um sonho).

Efrém da Síria e Isidoro serão determinantes no sucesso que este tópico alcançará na literatura latina medieval, sobretudo na parenética e escatológica.

S. Próspero da Aquitânia, discípulo de Santo Agostinho, publicou um *Liber Sententiarum* que consistia numa recolha de 390 sentenças agostinianas, um subgénero literário que viria a ter grande sucesso na Idade Média, sobretudo pela mão de Pedro Lombardo, um dos seus mais importantes cultores[27]. Presume-se que originais terão sido apenas 380, a que foram acrescentadas mais 10. Ora, a última delas, para a qual não há registo em Santo Agostinho, trata justamente do tema das riquezas com o título *De diuitiis*:

Diuiciis flores, et maiorum nobilitate te iactas, et exsultas de patria et pulchritudine corporis et honoribus qui tibi ab hominibus

---

- *De breuitate huius uitae*, desta compilação de máximas e provérbios da patrística, muito utilizada em meios monásticos (PL 88, col. 713D - 714A):
    Breuis est huius uitae felicitas, modica est huius saeculi gloria. Caduca est et fragilis temporalis potentia. Dic ubi sunt reges? ubi imperatores? ubi principes? ubi locupletes rerum? ubi potentes saeculi? Certe quasi umbra transierunt, et uelut somnium euanuerunt. Quaeruntur et non sunt.

[27] Prosper Aquitanus, *Liber sententiarum* 392 (CCSL 68A, pp. 364-5, ll.1-14).

deferuntur. Respice te ipsum: quia mortalis es, et quia terra es, et in terram ibis. Circumspice eos qui ante te similibus splendoribus fulsere! Vbi sunt quos ambiebant ciuium potentatus? Vbi insuperabiles oratores? Vbi qui conuentus disponebant et festa? Vbi equorum splendidi inuectores, exercituum duces, satrapae, tyranni? Non omnia puluis? Non omnia fauillae? Non in paucis ossibus eorum uitae memoria est? Respice sepulcra, et uide quis seruus, quis dominus, quis pauper, quis diues. Discerne, si potes, uinctum a rege, fortem a debili, pulchrum a deformi. Memor itaque naturae, non extollaris aliquando. Memor autem eris, si te ipsum respexeris.

(Floresces em riquezas, vanglorias-te da nobre linhagem dos teus antepassados e ficas embevecido com a tua pátria, com a beleza do corpo e com as honras que te são prestadas pelos homens. Olha para ti próprio, porque és mortal e porque és terra e à terra hás-de voltar. Observa os que antes de ti refulgiram com idênticos resplendores! Onde estão os que disputavam os cargos políticos? Onde estão os oradores insuperáveis? Onde estão os que organizavam festas e convívios? Onde estão os importadores de esplêndidos cavalos? Onde estão os chefes dos exércitos, os sátrapas e os tiranos? Não é tudo cinza? Não é tudo pó? Não está a memória da sua vida reduzida a uns poucos ossos? Observa os seus sepulcros e vê qual é o servo e qual é o senhor, qual é o pobre e qual é o rico. Vê se consegues distinguir o súbdito do rei, o forte do fraco, o belo do feio. Por isso, se tiveres consciência da tua natureza, nunca te tornarás soberbo. Mas lembrar-te-ás disso, sempre que olhares para ti próprio).

Estas sentenças foram muitas vezes impressas e copiadas juntamente com as obras de Santo Agostinho. Daí o equívoco na atribuição do texto ao Bispo de Hipona. Todavia, Próspero, por sua vez, terá bebido a sua inspiração na *Homilia in illud: Attende tibi ipsi* (PG

31: 197-217) de Basílio de Cesareia, cujas obras foram traduzidas para latim por Rufino de Aquileia[28].

Ora, foi seguramente ao *Liber Sententiarum* que Cardaillac foi beber a sua inspiração, embora fosse bom conhecedor das tradições bíblicas anteriores. Na lição aceite por M. Gastaldo para a edição crítica no *Corpus Christianorum: Series Latina*[29], é considerada a frase "in paucis ossibus eorum uite memoria est", mais adequada ao contexto. A lição que nós aqui encontramos – "in paucis uersibus eorum uite memoria est" – é alternativa à anterior e consta em boa parte das lições recenseadas.

Outros autores compilaram, cruzaram e ampliaram este tópico, ao longo da História, pelo que, por vezes, se torna difícil identificar a fonte exacta[30].

---

[28] Vd. Rudberg 1962 e Marti 2012: 55-59:

Diuitiis flores et polles et illustrium proauorum consulatibus intumescis? Patriae parentumque nobilitate te iactas? Pulchritudine corporis erigeris et decore? Honoribus extolleris et asseclarum fulciris obsequiis? Tum maxime *attende tibi ipsi* et memento, quia mortalis es et quia *terra es et in terram ibis* et quia potest et ad te dici: *stulte, hac nocte auferent abs te animam tuam, et quae praeparasti, cuius erunt?* Intuere eos, qui ante te similis potentiae dignitatibus effulserunt. Vbi sunt? Quid agunt? Vbi fasces eorum? Vbi magistratus? Vbi diuersarum infulae dignitatum? Vbi denique eloquentissimi rhetores et uehementissimi oratores? Vbi hi qui crebros conuentus orationum suarum fauoribus celebrant? Vbi popularis aura? Vbi largitio muneralis? Vbi exquisita equorum et praeparata certamina? Vbi denique satrapae? Vbi reges? ubi tyranni? Nonne omnia puluis et cinis est? Nonne omnia antiquae fabulae superflua que narratio est? Nonne in perexiguis ossibus angustae uasculo urnae conclusis omnis eorum memoria continetur? Denique intuere et inspice eorum sepulchra, si potueris discernere, quis ibi seruus quisque sit dominus, quis pauper quisque sit diues. Discerne ibi, si potes, plebeium a rege, uirum fortem ab imbecilli, decorum ab informi. Si ergo horum omnium memor fueris, nulla tibi orietur elationis occasio, sed semper memor eris tui, si praecepti memor attenderis tibi.

[29] *Liber sententiarum* 392 (CCSL 68A, pp. 364-5).

[30] Além dos outros autores mencionados, entre os exemplos mais conhecidos, basta referir o de Santo Anselmo de Cantuária (*Exhortatio ad contemptum temporalium et desiderium aeternorum* – PL 158, col 684D-685A) e o de S. Boaventura.
É também assaz interessante verificar como o P. António Vieira aproveita o mesmo tópico no sermão de Quarta-feira de Cinzas, proferido em Roma, na igreja de Santo António dos Portugueses em 1672. Vieira padece da mesma ilusão de que este passo é da autoria de Santo Agostinho.

D. João de Cardaillac segue, muito especificamente, a lição do *Liber Sententiarum* de Próspero, mas dá-lhe o nome de *Meditationes*. Ora, este mesmo tópico ocorre também nas *Meditationes piissimae de cognitione humanae conditionis*, obra erradamente atribuída a S. Bernardo. Como já tinha citado o Pseudo-Bernardo, na análise do primeiro tipo de sepultura, é provável que se quisesse referir à mesma obra.

Vejamos como o autor das *Meditationes piissimae de cognitione humanae conditionis* aplica o tópico (PL 184, Col. 491A):

Dic mihi, ubi sunt amatores mundi, qui ante pauca tempora nobiscum erant? Nihil ex eis remansit, nisi cineres et uermes. Attende diligenter quid sunt, uel quid fuerunt. Homines fuerunt sicut tu: comederunt, biberunt, riserunt, duxerunt in bonis dies suos; et in puncto ad inferna descenderunt (Jb 21, 13). Hic caro eorum uermibus, et illic anima ignibus deputatur, donec rursus infelici collegio colligati, sempiternis inuoluantur incendiis, qui socii fuerunt in uitiis. Vna namque poena implicat, quos unus amor in crimine ligat.

Ouvi a Santo Agostinho: *Respice sepulchra et vide quis dominus, quis servus, quis pauper, quis dives? Discerne, si potes, regem a vincto, fortem a debili, pulchrum a deformi*: Abri aquelas sepulturas, diz Agostinho, e vede qual é ali o senhor e qual o servo; qual é ali o pobre e qual o rico? *Discerne, si potes*: distingui-me ali, se podeis, o valente do fraco, o formoso do feio, o rei coroado de ouro do escravo de Argel carregado de ferros? Distingui-los? Conhecei-los? Não por certo. O grande e o pequeno, o rico e o pobre, o sábio e o ignorante, o senhor e o escravo, o príncipe e o cavador, o alemão e o etíope, todos ali são da mesma cor.

Passa Santo Agostinho da sua África à nossa Roma, e pergunta assim: *Ubi sunt quos ambiebant civium potentatus? Ubi insuperabiles imperatores? Ubi exercituum duces? Ubi satrapae et tyranni?* Onde estão os cônsules romanos? Onde estão aqueles imperadores e capitães famosos, que desde o Capitólio mandavam o mundo? Que se fez dos Césares e dos Pompeus, dos Mários e dos Silas, dos Cipiões e dos Emílios? Os Augustos, os Cláudios, os Tibérios, os Vespasianos, os Titos, os Trajanos, que é deles? *Nunc omnia pulvis*: tudo pó; *Nunc omnia favillae*: tudo cinza; *Nunc in paucis versibus eorum memoria est*: não resta de todos eles outra memória, mais que os poucos versos das suas sepulturas. Meu Agostinho, também esses versos que se liam então, já os não há: apagaram-se as letras, comeu o tempo as pedras; também as pedras morrem: *Mors etiam saxis, nominibusque venit.*

Quid profuit illis inanis gloria, breuis laetitia, mundi potentia, carnis uoluptas, falsae diuitiae, magna familia, et mala concupiscentia? Vbi risus, ubi iocus ubi iactantia, ubi arrogantia? De tanta laetitia, quanta tristitia! Post tantillam uoluptatem, quam grauis miseria! De illa exsultatione ceciderunt in magnam miseriam, in grandem ruinam et in magna tormenta.

Quidquid illis accidit, tibi accidere potest, quia homo es: homo de humo, limus de limo. De terra es, et de terra uiuis, et in terram reuerteris,

(Diz-me lá: onde estão os apreciadores deste mundo, que ainda há pouco tempo estavam connosco? Nada deles restou senão cinzas e vermes. Vê bem o que são e o que foram.

Foram homens como tu: comeram, beberam, riram, passaram os dias na prosperidade e, num instante, desceram ao sepulcro.

Aqui o seu corpo é confiado aos vermes e ali a sua alma ao fogo, até que, novamente reunidos por uma ligação infeliz, sejam envoltos pelo fogo eterno aqueles que foram companheiros nos vícios. É, de facto, um único castigo que afecta aqueles que um único amor junta no crime.

De que lhes serviu a vanglória, a satisfação passageira, o poder terreno, o desejo carnal, as riquezas enganadoras, a grande família e a má concupiscência? Onde está o riso? onde está o jogo? onde está a ostentação? onde está a arrogância? De tamanha alegria, quanta tristeza! Depois de um prazer tão pequeno, que desgraça tão grave! Daquela exaltação caíram numa enorme miséria, numa grande ruína e em grandes tormentos.

O que quer que lhes aconteça, também a ti poderá acontecer, porque és homem da terra, lama de lama. Da terra és, da terra vives e à terra voltarás).

É bem evidente que o passo do sermão das exéquias de D. Inês foi decalcado no acrescento final tardio da obra de Próspero e não na obra do Pseudo-Bernardo.

Se Cardaillac não se limitou a copiar o texto tal como ele se apresentava nessa lição, terá optado por ela, uma vez que esta mais se adequa à estratégia retórica pretendida.

Vários dos termos do tópico *ubi sunt* são remetidos para uma única interrogativa, onde são agrupados em acumulação assindética:

Vbi equorum splendidi inuectores, exercituum duces, satrapae, tyranni?

Há, todavia, outra lição deste passo do *Liber Sententiarum* de Próspero que reforça a oralidade do texto e imprime maior vigor retórico a todas as interrogações através da individualização de cada uma delas. Cardaillac serve-se dessa versão. Desta feita, confere um tom mais coloquial ao texto, intensificando as interpelações pela anáfora do advérbio interrogativo juntamente com o verbo, tão característica da homilética e da parenética: "Vbi sunt? Vbi inquam sunt...". Por outras palavras, a interrogação original é desdobrada em:

Vbi equorum splendidi nutritores?
Vbi principes?
Vbi satrape?
Vbi tyranni?
Vbi exercituum duces?

A variante da interrogação "Vbi equorum splendidi nutritores?" (que valoriza a criação de cavalos e o seu comércio) está, curiosamente, mais próxima do original grego de São Basílio[31] do que da tradução latina de Rufino ("Vbi exquisita equorum et praeparata certamina? Vbi denique satrapae? Vbi reges? ubi tyranni?").

---

[31] Transcrevemos a expressão grega: "hoi lamproì hippotróphoi". Compreende-se, assim, a hipálage da versão latina do texto de Próspero, a que Cardaillac teve acesso.

Consciente de que a audiência poderia ignorar o significado original de sátrapas e tiranos, faz anteceder essas interrogações de uma da sua autoria, com a acepção ocidental equivalente – "ubi sunt principes?" – aliás tal como fizera Rufino na sua tradução latina do texto de Basílio de Cesareia, ainda que tivesse optado por "reges" em vez de "principes"[32]. O vocábulo não terá sido seleccionado ao acaso. D. Inês, que o orador pretende reabilitar enquanto princesa, é incluída nesses "principes" que passaram já deste mundo.

Na última reflexão, inverte a ordem de importância dos pares antonímicos, fazendo incidir a tónica da comparação nos ricos e nos senhores (*quis diues, quis pauper, quis dominus, quis seruus*), contrariamente ao texto de Próspero, que opta pela estratégia inversa: ... *et uide quis seruus, quis dominus, quis pauper, quis diues.* Cardaillac procura extrair do exemplo das altas figuras do reino, como é o caso presente de D. Inês, as ilações espirituais que os seus ouvintes, particularmente os das camadas mais baixas da sociedade, deverão aplicar a si próprios sem distinção.

D. João de Cardaillac termina o sermão descrevendo o tipo anagógico, sempre fundamentando as suas afirmações com passos bíblicos, para concluir o que D. Pedro gostaria de ouvir: D. Inês estará na sepultura eterna do Paraíso.

Pensa-se que muitas das suas fontes bíblicas e cristãs terão sido colhidas da *Historia scholastica* de Pedro Comestor. Conheceria mui-

---

[32] As designações destas classes variam consoante o contexto geográfico e epocal. São Cirilo de Alexandria, por exemplo, num sermão que glosa este mesmo tópico, segue a hierarquia desde o rei: "basileus", "archon" e "hegoumenos" (*De exitu animae et de secundo aduentu*, PG 77, col. 1077). Vários séculos mais tarde, um autor como Santo Anselmo de Cantuária, por ex. (*op. cit.*), utiliza a mesma estratégia desdobrando os soberanos nas categorias mais conhecidas do mundo ocidental: "Dic ubi sunt reges? ubi principes? ubi imperatores?...". Dois séculos mais tarde, depois do Renascimento do séc. XII, S. Boaventura, no seu *Soliloquium* (Collegium Sancti Bonaventurae 1901, vol. 8: 45), combina personalidades bíblicas, com as designações clássicas, concluindo com as do seu tempo: "Vbi Salomon sapientissimus? Vbi Alexander potentissimus? Vbi Samson fortissimus? Vbi Absalom speciosissimus? Vbi Assuerus gloriosissimus? Vbi caesares potentissimi? Vbi reges et principes inclyti?".

tas delas de cor. Talvez por conhecer os textos sagrados de memória, verifica-se, uma ou outra vez, alguma incongruência na contextualização forçada da citação. Por exemplo, a citação de Mt 8, 22, em que Cristo diz a um jovem aspirante a discípulo: "deixa que os mortos sepultem os seus mortos", é transformada em algo completamente diferente: "deixai sepultar os mortos". A frase de Cristo, que infringe, aparentemente, um dever sagrado da sociedade e história hebraicas deve ser interpretada em sentido figurado. Os "mortos" que sepultam os mortos são aqueles que não acreditam no Reino da Boa Nova. Esses não vivem para Cristo, logo estão mortos e continuam mortos. Este sentido é completamente alheio ao da prática de uma das obras de misericórdia mais piedosas, como se infere do contexto em que Cardaillac insere a citação.

Nem sempre os passos bíblicos citados correspondem aos das Sagradas Escrituras. No final do primeiro fólio, apresenta-nos uma citação que, conforme regista, provém do cap. 18 do Livro do Génesis, quando a frase em causa (*Abraam, faciam te crescere in gentem magnam regesque ex te egredientur et omnem quam conspicis terram dabo tibi et portas inimicorum suorum possidebit semen tuum*) combina em si três passos do Livro do Génesis, mas nenhum do capítulo 18 (Gen 17, 6; Gen 13, 15, e Gen 22, 17).

São também vários os casos falta de precisão na identificação dos passos citados, embora o capítulo esteja certo, como sucede, por exemplo, com a citação do terceiro Livro dos Reis pelo primeiro, do Salmo 76 pelo 86. Por vezes, troca capítulos dos livros sagrados, como é o caso do cap. 3 do Livro de Job pelo cap. 12. O autor também pode ter sido induzido em erro por força da edição compulsada ou do tipo de obra a que recorreu, pois as referências podem ter sido mal lidas ou registadas.

Numa outra situação ("inuolutus fuit in syndone munda"), o passo é atribuído a Lucas, cap. 23. Ora, é no cap. 24 que Lucas fala da morte de Cristo, mas limita-se a dizer "et depositum inuoluit sindone" (Lc 23, 53). O qualificativo só aparece no Evangelho de S. Mateus: "Et accepto corpore, Ioseph inuoluit illud *in sindone munda*" (Mt 27, 59).

No geral, nota-se uma preferência pelos livros sapienciais, designadamente o de Ben Sirac ou Eclesiástico, que permite reforçar a argumentação desenvolvida, mas também o do Cântico dos Cânticos, cuja força temática não destoa da do amor entre D. Pedro e D. Inês.

Os registos imprecisos não são exclusivos dos textos sagrados e também se podem verificar na citação de textos de autores cristãos e medievais, como já tivemos oportunidade de ver. Por vezes, esse facto é próprio da época e fruto dos condicionalismos da produção do livro na Idade Média, uma vez que circulavam textos erradamente atribuídos a alguns autores. Outras vezes, a atribuição deixa-nos algo confusos. O autor cita, por exemplo, um texto como sendo do *De Consolatione Defunctorum* que atribui a Santo Agostinho, ainda que os estudiosos modernos duvidem da autenticidade dessa atribuição. Todavia, a citação em causa não é retirada desse texto. Provém, efectivamente, de Santo Agostinho e pertence também ao cap. 4, mas a obra é outra: *De Cura Pro Mortuis Gerenda*.

Apesar de estas identificações se revelarem algo inexactas, ainda que, como dissemos, compreensíveis, numa época em que os textos circulavam com autorias pouco definidas ou até erradas, só demonstram a riqueza cultural da sua educação e do vasto saber do ilustre pregador.

Já a nível micro-estrutural, Cardaillac dá provas do domínio de vários artifícios retóricos. É particularmente hábil na exploração da diversidade e riqueza semântica dos vocábulos, o que lhe permite criar jogos de palavras bem conseguidos em latim e que nem sempre são fáceis de verter para vernáculo.

Por exemplo, o jogo semântico de palavras que Cardaillac explora através da palavra *officium* não é fácil de exprimir em português. É que, se, por um lado, *officium* se refere ao ofício da liturgia dos mortos, isto é, ao ofício fúnebre, de exéquias, por outro, também se refere, em segunda instância, ao acto de sepultar os mortos, isto é, à obra de misericórdia em si.

Da mesma forma, é difícil representar a plurivalência do adjectivo *mundus* no paralelismo que o autor estabelece entre a pureza inviolada da vocação religiosa e a do sudário limpo de Cristo, como refere Mateus (e não Lucas), depositado num sepulcro novo.

Outros recursos retórico-estilísticos são ainda motivados pela principal característica do discurso parenético: a oralidade. Os pleonasmos do tipo "sepulture exsequias" ou "metu dubitando", por exemplo, são intencionais, uma vez que o autor, num sermão como este, pretende reforçar e salientar os conceitos e expressões proferidos contrariando, assim, a fugacidade da oralidade, de forma a inculcar nos ouvintes os tópicos e vocábulos principais do texto que vai urdindo.

ÍNDICE DE IMAGENS E CRÉDITOS FOTOGRÁFICOS

BIBLIOGRAFIA

Abreu, M. V. ed. (1999), *Reencontro de D. Pedro e D. Inês*, introdução de Manuel Viegas Abreu. Coimbra: Associação para o Desenvolvimento do Turismo na Região Centro.

Almeida, C. A. F. de (1991), "A Roda da Fortuna/Roda de Vida do túmulo de D. Pedro em Alcobaça", *Revista da Faculdade de Letras*, II série, vol. VIII: 225-263.

Anheim, Étienne (2014), *Clément VI au travail. Lire, écrire, prêcher au XIVe siècle*. Paris: Publications de la Sorbonne.

Arnaut, Salvador Dias (1960), *A Crise Nacional dos Fins do Século XIV*. Coimbra, tom. 1: 471-474.

Assemann, J.S. ed. (1746), *Opera omnia quae exstant, Graece, Syriace, Latine*. Romae, tom. 3.

Baschet, J. (1986), "Triomphe de la mort, triomphe de l'enfer. Les fresques du Camposanto de Pise". *L'Ecrit-Voir. Revue d'Histoire des Arts* 8:5-17.

Baschet, J. (1993), *Les justices de l'au-delà. Les réprésentations de l'enfer en France et en Italie (XII-XVe siècles)*. Rome: École Française de Rome.

Becker, Carl Heinrich (1916), *"Ubi sunt qui ante nos in mundo fuere"*, in: *Aufsätze zur Kultur- und Sprachgeschichte vornehmlich des Orients: Ernst Kuhn zum 70. Geburtstag am 7. Februar 1916 gewidmet von Freunden und Schülern*. Breslau: Marcus Verlag, 87-105.

Bright, James W. (1893), "The *ubi sunt* formula", *Modem Language Notes* 8: 187-188.

Caplan, Harry (1933), "Classical Rhetoric and the Medieval Theory of Preaching", *Classical Philology* 28: 73-96.

Charland, Th.-M. (1936), *Artes praedicandi*. Paris and Ottawa.

Coelho, M. H. da C. ed. (2013), *Pedro e Inês - O Futuro do Passado. Congresso Internacional*, 3 vols. Alcobaça: Associação Amigos D. Pedro e D. Inês.

Collegium Sancti Bonaventurae (1882-1902), *Doctoris Seraphici S. Bonaventurae S. R. E. Episcopi Cardinalis Opera Omnia*, iussu et auctoritate R.[mi] P. David Fleming totius Ordinis Fratrum Minorum S. P. Francisci Vicarii Generalis edita; studio et cura PP. Collegii a S. Bonaventura ad plurimos codices mss. emendata, anecdotis aucta prolegomenis scholiis notisque illustrata. Ad Claras Aquas (Quarchi) Prope Florentiam: ex Typographia Collegii S. Bonaventurae.

Costa, J. P. (2009), *Inês de Castro (132?-1355). Musa de tantas paixões.* Lisboa: Prefácio.

Costa, L. da G. V. da (1986), "Morte e espaço funerário na arquitectura religiosa do século XV", in *Actas das Jornadas sobre Portugal Medieval.* Leiria: Câmara Municipal: 221-272.

Costeira, M. I. G. (2013), "A iconografia da arca tumular de Inês de Castro e o Culto dos Mistérios", in Coelho, M. H. da C. ed. *Pedro e Inês – o Futuro do Passado. Congresso Internacional.* Alcobaça: Associação Amigos D. Pedro e D. Inês: 51-60.

Cross, James E. (1956), "*Ubi Sunt* Passages in Old English - Sources and Relationships", in: *Vetenskaps-Societeten i Lund Årsbok*: 23-44.

D'Avray, David (1994), *The Death and the Prince. Memorial Preaching before 1350.* Oxford.

David, P. (1944), *Français du Midi dans les évéchés portugais: 1279-1390*, sep. de *Bulletin des Études Portugaises.*

Di Sciacca, Claudia (2008), *Finding the Right Words: Isidore 's «Synonyma» in Anglo-Saxon England.* Toronto-Buffalo, NY- London: University of Toronto Press.

Dias, P. (1999), "De Coimbra a Alcobaça. Nos caminhos de D. Pedro e D. Inês", in Abreu, M. V. ed., *O Reencontro de D. Pedro e D. Inês,* introdução de Manuel Viegas Abreu. Coimbra: Associação para o Desenvolvimento do Turismo na Região Centro: 41-53.

Dimock, James F. ed. (1867), *Giraldi Cambrensis Opera (Rerum Brttannicarum Medii Aevi Scriptores* or *Chronicles and Memorials of Great Britain and Ireland during the Middle Ages).* London: Longmans, Green, Reader, and Dyer, vol. 5.

Eubel, Conrad (1913), *Hierarchia Catholica Medii Aevi, sive Summorum Sontificum, S.R.E. Cardinalium, Ecclesiarum Antistitum series ab anno 1198 usque ad annum 1431 perducta e documentis tabularii praesertim Vaticani collecta, digesta, edita.* Münster, tom. 1.

Farelo, M. (2010), "Les clercs étrangers au Portugal durant la période de la papauté avignonnaise: un aperçu préliminaire", *Lusitania Sacra* 22: 85-147.

Fernandes, C. V. (2013), "O Calvário do túmulo de D. Inês: um exemplo dos processos de modelo/cópia e originalidade nas iconografias dos monumentos funerários de Alcobaça", in Coelho, M. H. da C. ed., *Pedro e Inês - O Futuro do Passado. Congresso Internacional,* Alcobaça: Associação Amigos D. Pedro e D. Inês, 3: 33-50

Ferreira, J. A. (1930), *Fastos Episcopaes da Igreja Primacial de Braga (séc. III-séc. XX).* Famalicão: Edição da Mitra Bracarense, t. 3.

Friedman, L. J. (1957), "The 'Ubi sunt', the Regrets and Effictio", *Modern Language Notes* 72: 499-505.

Garcia y Garcia, A. ed. (1982*), Synodicon Hispanum.* Madrid: Biblioteca de Autores Cristianos, vol. 2.

Gier, A (1980), "Bersuire, Pierre", in *Lexikon des Mittelalters.* München und Zürich, vol. 1, col. 2020-2021.

Gilson, Étienne (1922), «De la Bible à François Villon». Paris: École pratique des hautes études, Section des sciences religieuses. Annuaire 1923-1924: 3-24, (doi: 10.3406/ephe.1922.20056, acedido em 15.01.2015).

Gilson, Etienne (1932), «Michel Menot et la technique du sermon médiévale,» in Gilson, Etienne, *Les idées et les lettres*. Paris: Vrin, 93-154.

Gilson, E. (1955), "De la Bible a Francois Villon", in E. Gilson, *Les Idées et les Lettres*. Paris: 9-38.

Kohls, Ernst-Wilhelm (1965), "Ubi sunt qui ante nos in mundo fuere? Zur mittelalterlichen Geschichte eines Vergänglichkeits-Topos und zu seinem Gebrauch bei Erasmus von Rotterdam", in Friedrich Wilhelm Kantzenbach und Gerhard Müller (Hgg.), *Reformatio und confessio. Festschrift für D. Wilhelm Maurer zum 65. Geburtstag am 7. Mai 1965*. Berlin und Hamburg: Lutherisches Verlagshaus: 23-36.

Liborio, Mariantonia (1960), "Contributi alla storia dell'ubi sunt', *Cultura neolatina* 20: 142-209.

Lopes, F. (2007), *Crónica de D. Pedro*, 2ª edição revista, edição crítica, introdução, glossário e índices de Giiuliano Macchi. Lisboa: Imprensa Nacional-Casa da Moeda.

Macedo, F. P. de (2013), "O túmulo de Inês de Castro: Memória de uma Rainha", in Coelho, M. H. da C. ed., *Pedro e Inês – o Futuro do Passado. Congresso Internacional*. Alcobaça: Associação Amigos D. Pedro e D. Inês, 3: 21-31.

Macedo, F. P. de e Goulão, M. J. (1995), "Os túmulos de D. Pedro e D. Inês", in Pereira, P. ed., *História de Arte Portuguesa*. Lisboa: Temas e Debates, 1: 446-455.

Marques, A. H. de O. ed. (1984), *Chancelarias Portuguesas. D. Pedro I (1357-1367)*. Lisboa: Instituto Nacional de Investigação Cientifica-Centro de Estudos Históricos (citado *CHDP*).

Marques, José (2002), "A Pregação em Portugal na Idade Média. Alguns aspectos", *Via spiritus* 9: 317-347.

Marques, J. (2006), "O Mosteiro de Alcobaça e a Monarquia", *Bracara Augusta* 54: 277-313.

Marti, Heinrich ed. (2012), *Predigt 3 des Basilius Caesariensis in der Übersetzung des Rufinus : kritische Ausgabe des lateinischen Textes mit Einleitung, griechischer Fassung und deutscher Übersetzung*. Berlin, de Gruyter.

Martinho, A. M. L. (2013), "Manuel Vieira Natividade e a leitura iconográfica dos túmulos de D. Pedro e D. Inês de Castro", in Coelho, M. H. da C. ed., *Pedro e Inês – o Futuro do Passado. Congresso Internacional*. Alcobaça: Associação Amigos D. Pedro e D. Inês, 3: 73-85.

Martins, M. (1969), *Introdução Histórica à Vivência do Tempo e da Morte*. Braga: Livraria Cruz, t. 1.

Menino, V. L. e Costa, A. P. M. da (2012), *A rainha, as infantas e a aia. Beatriz de Castela, Branca de Castela, Constança Manuel, Inês de Castro*. Lisboa: Círculo de Leitores.

Mollat. G. ed. (1914), *Vitae Paparum Avenionensium, Hoc Est Historia Pontificum Romanorum Qui in Gallia Sederunt Ab Anno Christi 1305 usque ad annum 1394. Stephanus Baluzius, Tutelensis, Magnam partem nunc primum edidit, reliquam emendavit ad vetera exemplaria, notas adiecit et collectionem actorum veterum*. Paris: Letouzey et Ané, tom. II.

Mollat, Guillaume (1953), "Jean de Cardaillac, un prélat réformateur du clergé au XIVe siècle", *Revue d'Histoire Ecclésiastique* 48: 74-121.

Mollat, Guillaume (1974), "Jean de Cardaillac, prélat, orateur et diplomate ", *Histoire littéraire de la France* 40: 187-210.

Morreale, Margherita (1975), "Apuntes para el estudio de la trayectoria que desde el ¿ubi sunt? lleva hasta el «¿Qué le fueron sino... ?» de Jorge Manrique". *Thesaurus: boletín del Instituto Caro y Cuervo* 30.3: 471-519.

Murphy, James J. (1972), *Medieval Rhetoric: A Select Bibliography*. Toronto: University of Toronto Press.

Murphy, James Jerome (1974), *Rhetoric in the Middle Ages: A History of Rhetorical Theory from Saint Augustine to the Renaissance*. Berkeley: University of California Press.

Natividade, M. V. da (1910), *Inez de Castro e Pedro o Cru perante a iconografia dos seus túmulos*. Lisboa; A Editora.

Pereira, P. ed. (1995), *História de Arte Portuguesa*. Lisboa: Temas e Debates, vol. 1.

Pimenta, C, (2005), *D. Pedro I*. Lisboa: Círculo de Leitores.

Pinto, Sérgio da Silva (1961), "O Sermão das exéquias de Inês de Castro pelo arcebispo de Braga D. João de Cardaillac no problema do casamento da 'misera e mesquinha'". *O Distrito de Braga. Boletim de Etnografia e História*, ano 1, fasc. 1-2: 161-188.

Rasquilho, R. (2013), "Um saque para dois túmulos", in Coelho, M. H. da C. ed., *Pedro e Inês – o Futuro do Passado. Congresso Internacional*. Alcobaça: Associação Amigos D. Pedro e D. Inês, 3: 113- 123.

Remígio, A. V. (2013), "O tratamento de Conservação e Restauro dos túmulos do Rei D. Pedro I e de D. Inês de Castro", in Coelho, M. H. da C. ed., *Pedro e Inês – o Futuro do Passado. Congresso Internacional*. Alcobaça: Associação Amigos D. Pedro e D. Inês, 3: 87-111.

Rodrigues, M. T. C. (1972), "O itinerário de D. Pedro, I. 1357-1367", *Ocidente* 82:147-176.

Rudberg, Stig Y. ed. (1962), *L'Homélie de Basile de Césarée sur le mot "Observe toi toi-même"*. Stockholm: Almqvist och Wiksell.

Santos, M. J. A. (2011), *D. Inês de Castro. Colo de Graça (?)-1355*. Vila do Conde: Quidnovi.

Santos, R. dos (1924), *Oito séculos de Arte Portuguesa. História e Espírito*. Lisboa: Editorial Notícias, vol. 1.

Saraiva, A. J. (1996), *O Crepúsculo da Idade Média em Portugal*, reed. Lisboa: Gradiva.

Schmitz, Ph. (1968),"Berchorius", in *Lexikon für Theologie und Kirche*. Freiburg, vol. 2, col. 212.

Sousa, A. C. de (1946), *Provas da História Genealógica da Casa Real Portuguesa*, nova edição revista por Almeida, M. L. de e Pegado. Coimbra: Atlântida-Livraria Editora, t. 1, liv. 2.

Sousa, B. V. e (2005), *D. Afonso IV (1291-1357)*. Lisboa: Círculo de Leitores.

Valdez del Álamo, E. (2013), "La rueda de la tumba de Pedro I como diagrama mnemotécnico", in Coelho, M. H. da C. ed., *Pedro e Inês – o Futuro do Passado. Congresso Internacional*. Alcobaça: Associação Amigos D. Pedro e D. Inês, 3: 61-71.

Vasconcelos, A. de (1928), *Inês de Castro. Estudo para uma série de lições no curso de História de Portugal*. Porto: Imprensa Marques Abreu.

www.ingramcontent.com/pod-product-compliance
Lightning Source LLC
Chambersburg PA
CBHW071052090426
42737CB00013B/2336